坂口孝則

1円家電のカラクリ 0円iPhoneの正体

デフレ社会究極のサバイバル

幻冬舎新書
192

はじめに

驚くような新世界が待っている。

これが本書の結論です。私は「赤字」を説明することによって、みなさんをその世界に導きます。

黒字とは、売上高によって利益を生むこと。赤字とは、商品の売上高よりもコストがかかってしまうことです。本書では、この赤字のすばらしさについて述べていきます。これまで利益の生み方を説明する本はあっても、赤字のすばらしさについて述べた本はありませんでした。

なぜ、赤字がすばらしいか。それにはいくつもの理由があります。代表的なものは、商品を赤字販売することによってお客をたくさん呼べることです。「ソンしてトクとれ」という言葉どおり、まずは利益を出せなくても激安で販売することによって、リピーターを増やします。文字どおり、ソンしても、将来のトクを狙う方法です。

ただ、その程度であれば、みなさんはご存じでしょう。本書では、そこから突っ込んで、赤字販売しやすい商品や企業、その効果、限界についても述べています。

また、赤字どころか商品の代金を受け取らない「フリー経済」のカラクリ、そして「フリー経済」の落とし穴までも網羅したあとに、これから到来する新たなビジネス像を説明しました。

本書のコンセプトは「赤字は、すばらしい」ではあるものの、内容は単なる経営論やビジネス論、価格論には止まりません。私が述べたかったのは、赤字を知ることによって理解できる利益構造と経済の新たな姿です。明日からの仕事や生活に、これまでと違った視点を提供できると私は確信しています。第1章だけでも、その衝撃がわかるはずです。

本書では、大きく四つのセクションにわけ、赤字と新世界について説明していきます。

・いま、赤字販売という大きな流れが到来している（第1章）
・赤字販売は新たな経済構造と商品を創り上げる（第2章）
・フリー経済も赤字販売が創りあげる世界の一部にすぎない（第3章）

・私たちは新たな世界でどうすべきか（第4章）

これは赤字の本です。また、商品を赤字で販売せざるを得なくなる売り手の将来を描く本でもあります。そして、新たな世界は、人によっては絶望的な、ある人にとっては希望的な世界です。

赤字によってもたらされる新しい経済、新しい稼ぎ方。本書の赤字販売と「逆転経済」という新たな経済構造の内容をご理解いただければ、おそらく、みなさんのまわりで起こっているさまざまな事象について説明ができるはずです。また、新たなビジネスモデルや、大袈裟にいえば自分の生き方についての、思考のきっかけとなることを願っています。

赤字戦略、フリー経済、そして到来する新たな世界。

いま、大きな変化が起こっています。

変化が起きているとき、どの時代でも、それに気づく人と、気づかない人がいるものです。

さて――、あなたは、どちら側に立っていますか。

1円家電のカラクリ　0円iPhoneの正体／目次

図版作成　ホリウチミホ

第1章 赤字は、すばらしい

1円で販売されるテレビ

大きく響きわたる店員の声。開店を待ちわびる人たち。1996年4月の宇都宮。国道4号線から3分ほど走ったところにその店はありました。気温は10度にも満たない寒さ。それでもその店の前には長蛇の列ができていました。

「これも1円」「あれも1円」「1円」

その列の先にあったものは、考えられない価格の家電製品でした。ヤマダ電機・テックランド宇都宮東店のオープン日。ヤマダ電機は新店舗開店の目玉商品として「1円商品」を売り出していました。

1円、といってもおかしなものではありません。パソコン、テレビ、シェーバー、洗濯機……。過剰なほどのこの安売りは、人々に強烈な印象を与えることになり、メディアがこぞって取り上げています。

ヤマダ電機のオープン特価は、自社のみに止まるものではありませんでした。ケーズデンキも同じような1円商品を取り揃えるハメに陥りましたし、コジマも同様の衝撃特価を繰り出し始めたのです。その後、開店特価として「1円」という文字が躍り続けました。

1996年4月にヤマダ電機が始めたこの「1円」販売の衝撃は、それ以降の家電量販店の流れを方向づけた感があります。その後、公正取引委員会は、1円セールや80円セールを繰り広げたヤマダ電機、コジマ、カトーデンキ販売を不当廉売にあたる可能性があると注意したほどです。ただ、衝撃特価で訴求するというその流れは現在においても変わりません。

1996年4月から14年たった2010年4月。場所は変わって、東京・新宿にヤマダ電機・LABI新宿東口館がオープンしました。オープン日のだいぶ前、私が前を通り過ぎたときに寒空の下で店員が大声でチラシを配っていたのを思い出します。彼らは「その日」にもたらされる衝撃を告げていました。そして当日。前夜から並んだお客は実に1万人にも上ることになりました。もちろん、彼らのお目当ては激安特価品。このLABI新宿東口館のオープン日にもありえない価格の商品が取り揃えられました。

たとえば、このLABI新宿東口館オープン時の「目玉商品」はノートパソコン。通常であれば5万円程度の富士通 FMV-BIBLO が1万9800円。同じく通常は12万円ほどのNEC LaVie L は5万9800円と、普段ではありえない値引き商品がいたるところに置かれていました。係員はお客の整理のために叫び続け、まだ冷たい4月の空気を感じつつお客たちは震えながら待ちわびていたのです。

では、ヤマダ電機や他の家電量販店は、それらの商品を販売価格以下で仕入れているのでしょうか。そうではありません。これは単品で見ると、明らかな赤字です。1円以上で仕入れたものをお客には1円で販売しています。

それはなぜでしょうか。その理由は、お客に「この店は安い」と印象づけたいからです。「この店に来れば、今後も激安商品が手に入る」と思わせようとしています。そのためには、初日がもたらす第一印象がもっとも大切だというわけです。

最初は赤字でもいいから販売し、それによって認知度を上げ、お客に繰り返し来店してもらう。薄利ではなく、赤字で商品を販売することでおトク感を醸成し、お客を籠絡《ろうらく》する。

私はここに、赤字戦略の象徴を見ます。

家電量販店とは、もちろん小売業の一つにすぎません。それに小売業も、一つの業種や業態にすぎず、それがすべてではないということくらいは理解しています。しかし、多くの業界のなかでも、無数の企業がお客を取り合い、かつ販売手法がもっとも高度化し、さらに流通構造をも変化させ続けているのが、この家電量販業界です。家電量販業界が先取りしている、この赤字戦略を解説することから始めて、これが象徴するものを俯瞰《ふかん》していきます。

赤字のすばらしさ

①赤字で販売することにより、お客に「安い」という印象を与え、長期的に利益を得ることができる。

「売れないよりマシ」の値引き行動

私は家電量販店がオープン日に赤字で商品を販売して、お客にアピールすることをお話ししました。ところで、この「赤字」とは、正確にはどういう意味でしょうか。直感的には、「販売する価格よりも、かかっている価格が高い」ことを指しているとわかるはずです。ただ、「赤字」とは厳密な会計用語ではなく、明確な定義があるわけではありません。

商売に関わる人であれば、営業マンから「この価格では赤字ですよ」と聞いたことがあるかもしれません。また、街中には「赤字覚悟！　超安売りセール」などという言葉が並んでいます。その「赤字」とはどのようなことなのか。これを明らかにすることから始めたいのです。

さきほどの家電量販店の例を続けましょう。家電量販店では、まずメーカーから商品を仕入れます。そして、この仕入原価に販売員の給料等の販売費、それに建家の家賃や光熱費等を加算して販売価格とします。

コストの分類上、この仕入原価が変動費で、その他の費用が固定費です。変動費とは、文字どおり「変動」するコストを指します。販売や生産の多寡によって比例的にかかってくるコストです。販売数が多くなれば、当然仕入れ数も多くなりますから、これはご理解いただけるでしょう。それに対して、固定費は、これも文字どおり「固定」的なコストです。販売数が3割減ったからといって、販売員の給料を3割減らすことはできません。また、家賃をそのときだけ3割削減することも難しい。このように、販売や生産の多寡にかかわらずかかるコストが、この固定費です。

だいたい、販売価格に対して仕入原価である変動費が7割程度です。そして、その他の固定費をまとめると2割、利益が1割となります。家電量販店では、2割の固定費をいかに抑えるかに躍起です。ここを抑えれば、利益は上がります。しかし、家電量販店は商品を販売するときに、説明員が必要だったり、大掛かりな宣伝が不可欠だったりするものです。大型店であっても十数パーセントはかかります。少し前に話題になった家電量販店で

家電量販店の販売商品のコスト構造

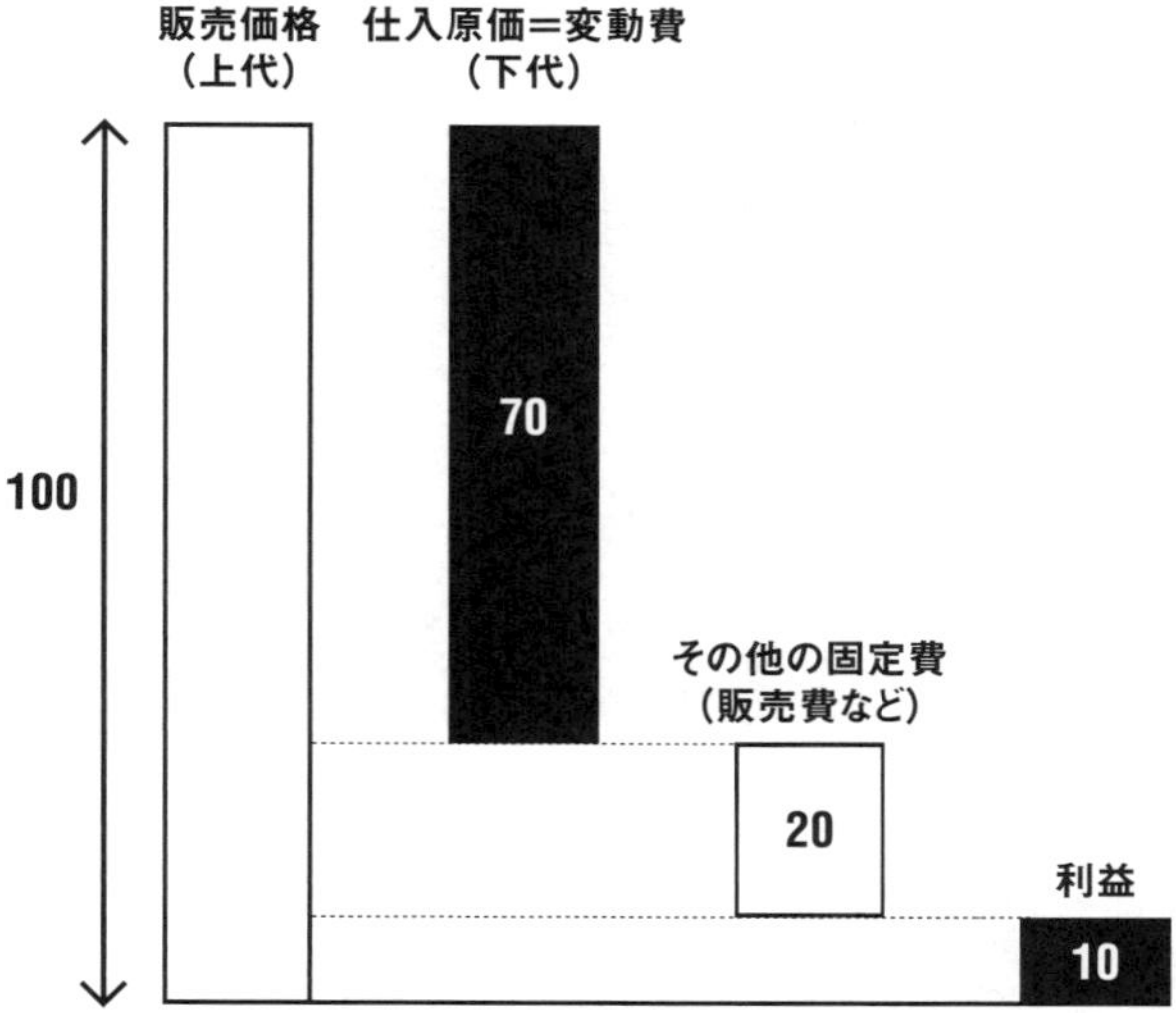

の、家電メーカーの説明員派遣も、家電量販店の固定費削減の一環だったわけです。しかし、ここでは本題ではないので深く立ち入りません。

仕入れの言葉で、仕入原価を下代《げだい》、販売価格を上代《じょうだい》と呼びます。つまり、10万円のテレビには、7万円の下代を払い、お客からは10万円の上代をいただくことになるのが通常の商売モデルです。その差額は3万円ですが、販売費等々のコストがかかるために、利益は1万円しか残りません。

たった1万円しか残らないのであれば、すぐに赤字になりそうです。実際に、かなり多くの販売店ではたくさん値引きをしますから、家電量販店がどれだけぎりぎりの商売をしているかが理解できるでしょう。だから「これ以上値下げしたら赤字になっちゃいますよ」といわれるのは、あながち間違いではありません。

ただ、ここで注意すべきは固定費と変動費の考え方です。変動費は「販売や生産の多寡によって比例的にかかってくるコスト」であり、固定費は「販売や生産の多寡にかかわらずかかるコスト」であると説明しました。つまり、変動費以下で販売してしまうと、売り手はソンをしてしまいます。しかし、固定費分を割り込んだ価格で販売したとしても、売り手にとってはまだマシです。

さきほどの例でいえば、
販売価格10万円＝7万円（仕入原価、変動費）＋2万円（その他の固定費）＋1万円（利益）

というものでしたが、もし8万円で販売したとしても、売り手としては「売れないよりはいい」ことになります。なぜなら、その商品が売れても売れなくても固定費はかかるからです。ならば、仕入原価である変動費分だけでも回収できる価格で販売したほうがマシということになります。販売することができなければ、1円にもなりません。そこで、多くの家電量販店では値引き交渉を行うお客に対しては、固定費を回収することを諦めて、変動費ギリギリまで値下げすることになります。これが一般的に「何でも試しに交渉してみたほうがトク」といわれるゆえんです。見た目は「赤字」でも、売り手にとってはそれでも売れないよりはマシなのですから。

赤字のすばらしさ

②赤字であっても、それが変動費を割り込まない限り、全体の利益「額」は増えていく。

家電量販店の値下げ行動

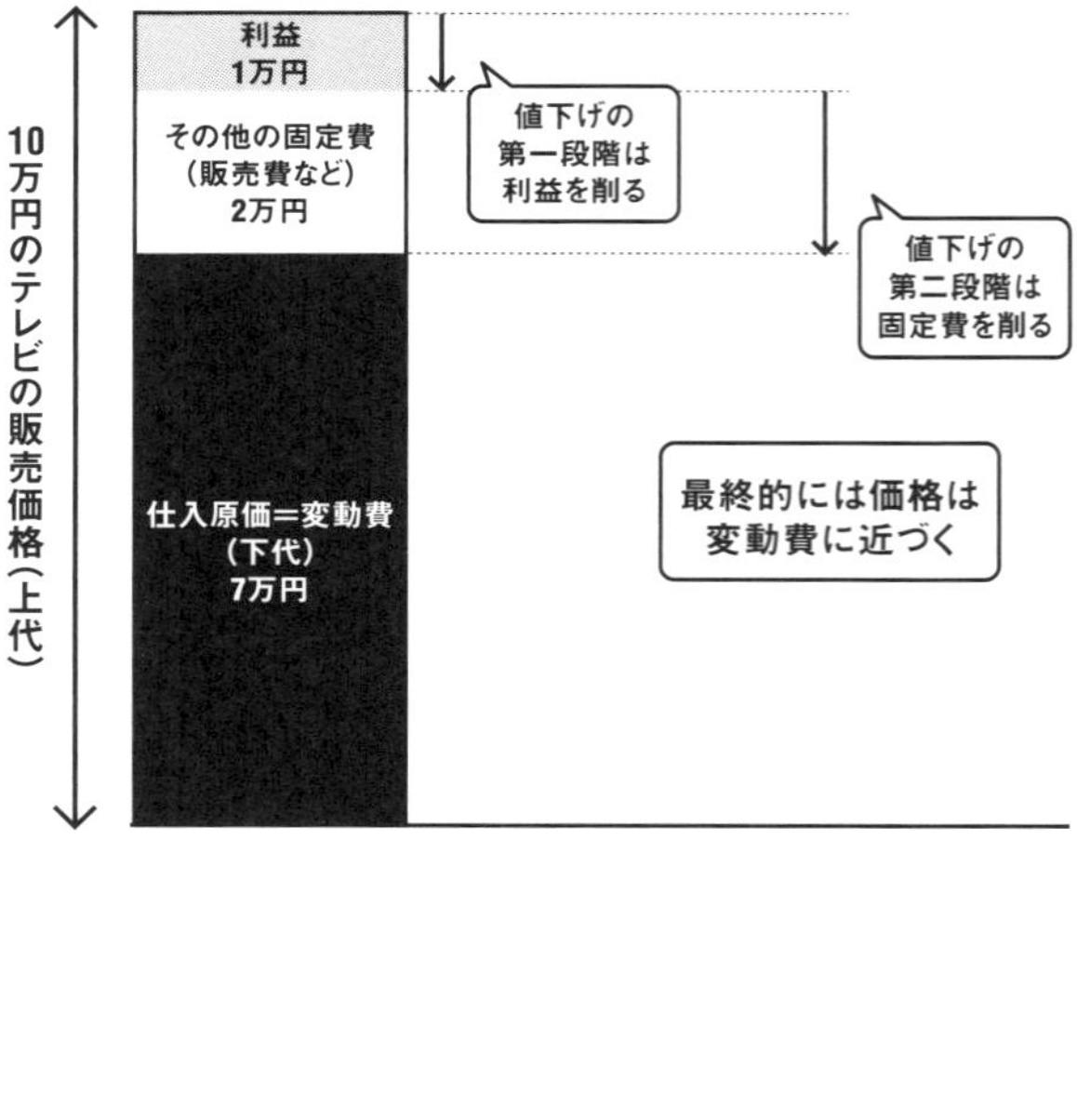

赤字の四つのパターン

なかには赤字の商品もあります。もちろん、すべての商品を赤字で販売しているわけではありません。

まずは、ここで「赤字」というときの意味について見ていきましょう。売り手が「赤字」というときには次のような四つのパターンがあります。

1　ウソの赤字
2　規定利益からの赤字
3　真性赤字
4　ビジネスモデルの赤字

通常、「赤字」といったら、「売った価格よりも、かかったコストのほうが大きい場合」のみを想定します。しかし、実際は使う人によってもさまざまです。ここでは赤字を四つにわけ、さらに赤字販売でも利益につながっていくケースも紹介していきます。

まず1はさほど解説を必要としません。売り手が「赤字です」といいながら、ほんとうは黒字である場合です。家電量販店の例でいえば、上代が下代に比べて十分高く、かつ費用もまかなえている場合を指します。変動費分も、固定費分も、ちゃんと回収できている場合です。赤字であることを伝えれば、値引き交渉も止む場合がありますから、これは売り手の常套手段でもあります。

次に2です。売り手によっては、下代（＝仕入原価、変動費）の何パーセント増しを上代（＝販売価格）とするかをあらかじめ決定しているところがあります。またさきほどのテレビの例でいえば、「7万円で仕入れたものは、10万円で販売するのが好ましいが、値引きしたとしても9万円程度にしろ」と販売員に伝えているところがあります。それ以下の価格にするように交渉された場合は、規定利益を割り込んでしまいますから、赤字になってしまうというわけです。ただこの2の場合も、売れないよりはマシですから、売り手はそれでも販売してしまうことがあります。

そして3です。これは、下代（＝仕入原価、変動費）すらも割り込んでしまう価格で販売する場合を指します。7万円で仕入れたテレビを、たとえば6万円や3万円で販売することです。一般的にはこのような販売価格設定は考えにくいでしょう。ただ、どのようなときに実施されるかというと、バーゲンセールのような場合です。このまま売れ残ってしまうくらいであれば、原価割れでも売ってしまえ、ということになります。

バーゲンは宣伝広告費

さきほど家電量販店の例を取り上げて「変動費ギリギリまで値下げする」場合もある、と説明しました。しかし、それでも売れ残る場合は、変動費すらも回収できない価格で販売することになります。もちろん、変動費（＝仕入原価）すら回収できなければ、そもそも仕入れないほうがよいわけですが、仕入れてしまったあとでは、まったく売れないより少しでもお金を回収したいという意図が働くわけです。

ただし、この3の場合も、売り手は単にソンを最小化したいという狙いだけではありません。洋服のセレクトショップでは、定期的にバーゲンセールを行っています。あの商品がすべて仕入れに失敗してしまったわけではないのです。バーゲンセールに行くと、その安さにつられて何枚も買ってしまうことがあります。また、ついでに、とバーゲン対象外商品を買ってしまうこともあるはずです。さらに、バーゲンセールでお客を引き寄せることにより、次回以降も来店してもらう機会を創出することもできます。私は銀座のバーニーズによく行くのですが、そもそものきっかけはバーゲンセールがあることを知り、一度足を運んでみたことでした。はじめてのお店は最初にドアをくぐることにもっとも抵抗感がありますから、バーゲンセールがそれを軽減してくれます。

ここに肝があります。バーゲンセールでは、その割引ゆえにお客におトク感を醸成し、たくさん買わせることで商品一点あたりにかかる固定費を削減し、しかもバーゲン対象外商品を買わせることでなんとか利益を確保しようとします。また、そのバーゲンセールによって、利益を減らした分を、宣伝広告費として活用しているのです。どんな商品でも、一度使ってもらわないことには、そのよさは伝わりません。値引きしたとしても、それは利益を減らしたと考えるのではなく、宣伝広告費を使ったと考えるわけです。

1円受注で儲ける仕組み

かつて公的機関のシステム導入の入札時に、大手メーカーが1円受注なるもので話題になったときがありました。ネットワークを全国につなぐようなシステムを1円で作ることができるはずはありません。数億円はかかるものです。その大手メーカーは1円で受注して、どうしようとしたのでしょうか。もちろん、それは一つには宣伝を狙ったものです。

「1円受注」については、まんまと大手メディアが取り上げましたから、宣伝広告費としては十分回収できたでしょう。加えて、導入費用は1円でも、一度導入に携われば管理・保守代金が支払われますから、長期的に費用を回収しようとしていたわけです。

そのように大掛かりな話ではなくても、たとえば身近な例でパチンコ店のオープン日の赤字戦略があります。パチンコ店はオープンから数日のあいだは出玉を増やして、来店者に「この店は儲かる」と思わせることが定石になっているからです。少し考えれば、中長期的にはお客が支払ったお金以上の出玉になるはずはないのですが、いずれにしてもその数日のあいだにお客に強烈な印象を残すことによって、その後の客足を増やそうと試みています。

このように多くの商売は、単に赤字商品を販売するに止めず、なんとか全体的には利益を増やそうとするものです。

赤字のすばらしさ

③赤字で販売しても、付帯サービスで利益を得ることができる。

ただ、これまで見てきたようにトータル、あるいは長期的に利益を確保できない場合もあります。それが4です。3までのものは、たとえ何かの商品が赤字でもその他で利益を回収しようとするものでした。それに対して、4はビジネスモデルとしても利益をあげることができない場合です。

たとえば、美容室では「初回限定の割引クーポン」を渡す場合があります。これは当初は赤字でも、まずお客に店に来てほしい場合に多用されます。従来のお客であれば、一度利用した美容室をなかなか変更することはないからです。しかし、最近は初回限定の割引券ばかりを使って、美容室をハシゴする人が多いといいます。これではトータルでの利益回収はできません。

また、かつては公的機関の仕事は赤字で受注しても、長期的な保守契約で利益を回収することができました。しかし、コスト削減意識が高まっている現在では、保守契約は別業者と締結するところも多くなっています。家電量販店でもメイン商品は値引きしたとしても、他の付属商品で利益をあげることが大半でした。たとえば、テレビは値下げしたとしても、テレビ台やハードディスク、据付費で稼ぐ。プリンターを値下げしても、インクや用紙、ソフトで稼ぐ、などです。しかし、最近では付属商品も個別で最安値の店を探す人が多くなりました。インターネットで検索すれば、どんな商品でも最低価格をチェックできますから、家電量販店で一括購入するのではなく、別に購入したほうが安い、というわけです。したがって、この4では、単品でも赤字で、トータル・長期的にも赤字に陥ってしまう、ということになります。

赤字のパターンは、これまで説明した四つです。規定利益割れ、変動費割れの赤字から、トータルでの赤字まで。さまざまな段階があることがおわかりいただけるはずです。

なぜ、はじめから赤字販売するのか

では、なぜ4の「ビジネスモデルの赤字」ということがありうるのでしょうか。家電量販店では付属商品を買ってくれるお客が少なくなり、ほんとうに単体での赤字販売ばかりすることになっていると述べました。

それは不況だからやむなくそうしているのだ、という説明もあるかもしれません。ただ、家電量販店のオープン店では、今日も赤字販売をしています。トータルで赤字になるとわかっているのであれば、少しでも違う戦略をとるべきではないでしょうか。家電量販店は負けるとわかっている戦に挑もうとしている、と解釈すべきでしょうか。

商売とは、「お客からもらったお金以上に利益をあげることはできない」といわれます。お客から支払われたお金と、仕入原価の差。この粗利益がすべての源泉だというのです。たしかに、その基本はいつでも変わりません。しかし、これから説明する内容は、そのような基本や常識とは一線を画すものです。

ここではまず、家電量販店の赤字のカラクリを見ていきましょう。なぜ、家電量販店では赤字で商品を販売することができるのでしょうか。私は、赤字であっても、初日の印象づけが大切だといいました。だから、赤字で販売できるのは、あえてそうしているからだ、といえなくもありません。

しかし、家電量販店は単に赤字販売を続けているわけではありません。そこには赤字販売を続けても、売り手として利益を確保しようとする仕組みがあります。赤字で販売しているのに、赤字を減らすということはありえるのでしょうか。

それは、商品を仕入れているところからお金を補塡《ほてん》してもらうのです。たとえば、家電量販店がテレビをメーカーから仕入れるとします。そのときに、「販売協賛金」という名目でお金をもらうわけです。通常はお金を支払って、商品を仕入れます。ただ、そのときに「たくさん買うから、支払ったお金のうちいくらかを返せ」というわけです。
たとえば、平成21年3月度のヤマダ電機の損益計算書では、次のようになっています。

【ヤマダ電機】
・売上高：1兆8718億円
・営業利益：495億円
と、2・65％の営業利益率となっていますが、これに加えて営業外収益の欄に、
・仕入割引：87億6700万円
が計上されており、それらの営業外収益や費用を加算すると、3・45％の経常利益に上昇しています。次に、家電量販店のライバルであるコジマの損益計算書を見てみましょう。同じく平成21年3月度のものを取り上げます。

【コジマ】
・売上高：4598億円
・営業利益：マイナス108億円

家電量販店の販売協賛金一覧

一括仕入割戻	まとめて商品を購入したときに、 一部お金のお返しを受けること
売場確保金	小売店等のなかで、特定のメーカーの売場や特別なセールを実施するときに、メーカーが「そのような場を提供してくれてありがとう」とお金を支払うこと
販売研修補助金	小売店がメーカーの商品を販売するときに、 知識がなければ売れないため、 売れるように販売員が研修する費用
販売員協力金	小売店の販売員にモチベーションをもって 売ってもらえるように、メーカーが小売店に支払うもの
他店追従値引き	他店が自店よりも安く販売している商品があった場合は、 その差額を支払うもの
運動部設立協賛金	販売店の社員たちが健康な体で販売に臨むことが できるように、メーカーがスポンサーとして協賛するもの

と、赤字のマイナス2・36%の営業利益率（営業損失）です。ただし、これにヤマダ電機と同様に営業外収益の欄に、
・販売協賛金：72億4500万円
が加算されており、結果としてはマイナス1・12%の経常利益と、赤字幅を縮小させています。

ヤマダ電機の場合は、営業利益495億円に対して仕入割引が87億6700万円ですから、営業利益の18%に相当する分をメーカーから補塡してもらっているわけです。コジマの場合は、もともと営業赤字ですからこのような計算はふさわしくないものの、営業利益マイナス108億円に対して販売協賛金が72億4500万円なので、ほぼ7割の補塡が行われています。

そのようにして、ヤマダ電機は営業利益から経常利益の差として利益率を0・8%（2・65%→3・45%）ほど上げ、コジマは1・24%（マイナス2・36%→マイナス1・12%）ほど上げる結果となっているのです。

④赤字で販売しても、メーカーから販売店に販売協賛金が支払われることがある。

もしかすると、疑問を持った方もいるかもしれません。どうせお金を払い戻してもらうのならば、最初から仕入れ代金を値引いてもらえばいいじゃないか、と。それはそのとおりです。しかし、これができないのは、メーカーが販売価格の下落を恐れているからです。家電量販店Aに10万円で販売しているテレビを、違う家電量販店Bに13万円で販売することはできます。しかし、一方が13万円であれば、それは必ず10万円まで下げさせようとする圧力がかかることは想像に難くありません。とするならば、まずは両店ともに13万円で販売しておいて、販売協賛金の名目で3万円分をキャッシュバックしたほうがよいことになります。これが家電量販店の業界だけではなく、他の業界であっても価格値引きではなく、販売協賛金の名目で処理される理由の一つです。

さきほど家電量販店2社の決算書を取り上げたときに、ヤマダ電機は「仕入割引」として営業外収益のところに、コジマも「販売協賛金」として同じく営業外収益のところに、それぞれ計上していました。なぜこれが営業「外」収益に計上されるかというと、実際の売買価格とは別のものだと考えられているからです。実質上は、販売価格を値下げしているのと同じですが、建前上は仕入先が「たくさん買ってくれた得意先に対して、ご愛顧を込めてお金をお返しする」ということになっています。

やや正確にいうと、これらの値引きにもいくつかのパターンがあることをご紹介しましょう。

・仕入割引……これは商品の仕入れ代金の支払いを早くしたり、条件を改善したりした商品購入企業が、その分お返しを受けることです。

・仕入割戻、協賛金……たくさん商品を買ってくれた仕入れ元企業が、一部のお金をお返しとして受けることです。

・仕入値引……納入された商品に不具合が生じた際に、商品代金を値引いてもらうことです。

したがって、ヤマダ電機の「仕入割引」とは正確にはコジマの「販売協賛金」とイコールではありません。ヤマダ電機の「仕入割引」に相当するところは、売上原価のなかに入り込んでいると思われます。ここでの大意は、仕入先から利益を補塡してもらうことが多々ある、ということですから意図的に厳密な区分を行いませんでした。ただ、このようなパターンがあることはお伝えしておきます。

なぜ厳密な定義よりも「仕入先から利益を補塡してもらう」という大意を優先したかといえば、損益計算書上で「仕入割引」や「販売協賛金」などと書かれるものをさらに詳細に見ていくと、一般的には考えられない内容のものまで含まれているからです。反論があると困るので説明はしたものの、私は「仕入割引」や「販売協賛金」という区分をする必然性をあまり感じていません。

あくまで一例ですが、小売業で「開発」された補塡金にはこのようなものがあります。

- **一括仕入割戻……まとめて商品を購入したときに、一部お金をお返ししてもらうことです。**

これくらいはまだ理解できるかもしれません。

次はどうでしょうか。

・売場確保金……小売店が、**特定のメーカーのために売場を提供したり特別なセールを実施するときに、メーカーが「そのような場を提供してくれてありがとう」とお金を支払うことです。**

これはわざと「お金を支払う」と書きました。実際は、小売店が要求する種類のものです。

また、次はどうでしょうか。

・販売研修補助金……小売店が**メーカーの商品を販売するときに、知識がなければ売れないため、売れるように販売員が研修する費用。**

これもメーカーから小売店に支払うものです。メーカーは小売店に売ってもらうわけですから、小売店の研修費用の一部もメーカーが負担するというわけ。

さらに次。ここから徐々に「すごさ」が加速していきます。

・販売員協力金……小売店の販売員にモチベーションを高めて売ってもらえるように、メーカーが小売店に支払うものです。

お金を支払って他社の社員のモチベーションを高めるということは、なかなか理解できません。

あなたが新聞を購読しているのであれば、毎朝折り込み広告を目にしているはずです。そのなかで小売店の広告があれば少し意識してみましょう。チラシで大きなスペースを取っている商品があります。その少なからぬ割合は、仕入先が小売店にお金を支払って、広告スペースを確保しているのです。小売店にしてみれば、「これだけ大きなスペースで宣伝するのだから、お金を払え」ということになります。

また、これに加えて驚くものに、「在庫分値引き」というものがあります。これは、一度仕入れたものであっても、それ以降に商品の販売価格が下がれば、在庫数量分の価格をお返しすることです。つまり、1万円で仕入れた商品があり、1万3000円で販売しようとしていたとします。しかし、それが９０００円でしか販売できないときは、１万円と９０００円の差額である１０００円を、メーカーが販売店に支払うわけです。

また、「他店追従値引き」というものもあります。他店が自店よりも安く販売している商品があった場合は、「きっとウチよりも安く納入しているに違いないから、その差額分を返せ」というわけです。

さらに、販売の企画を立てたときに支払うもの、期末に売上げを伸ばすために頑張ってもらうもの、在庫をさばくために必要以上に頑張ってもらうもの、幟《のぼり》や棚の一部をメーカーが負担するもの……など、さまざまです。なかでも笑ってしまったのが、「運動部設立協賛金」というものでした。販売店の社員たちが健康な体で販売に臨むことができるように、メーカーがスポンサーとして協賛するというのです。

なので、私は「仕入割引」や「販売協賛金」などという区分にさほど意味を感じていないと説明しました。

なかには、「お客に商品を安く売るとは、その分を仕入先から補填してもらうことだ」と断言する人もいるほどです。

ちなみに、このように仕入先から利益を補填してもらうことは家電量販店だけではなく、酒類量販店をはじめとして、多くの業界で一般的に見られます。
つまり、売り手は仕入先からお金をもらって販売しているわけです。

赤字販売ができるカラクリ

⑤メーカーから販売店に支払われる各種の負担金にはさまざまな種類が「発明」されている。

リベート社会ニッポン

なお、私は家電量販店のことだけをフォーカスしてお話ししたいわけではありません。しかし、この家電量販店が仕入れの世界におけるリベートや赤字商法を、もっとも象徴しているので、より突っ込んで見てみます。

平成16年9月24日という日付のある公正取引委員会の報告資料（「家電製品の流通実態調査について」）によると、やや古いデータではあるものの、当業界の年間リベート総額はこのようになっています。

・「取引（納入）価格の見直し（引下げ）のために支払われるリベート」：約2023億円

・「取引先の各種要請に対応するために支払われるリベート」：約1041億円
・「販売促進を目的としたリベート」：約470億円
・「取引条件の改善等施策誘導のために支払われるリベート」：約366億円

であり、合計はなんと約3900億円（四捨五入）にも上っているのです。当報告書は、協賛金の要請方法にも触れており、「口頭のみによる要請や、十分な説明がない場合、あるいは、取引実績に関係なく、一方的な金額を要請する場合などの事例もみられた」としています。そして、「大手の家電量販店が、自社への納入依存度が高く、取引先を変更することが困難なメーカーに対して、一旦取引価格について合意しているにもかかわらず、さらに粗利補てんリベート等の供与を求めることについては、その求める内容や要求の方法いかんによっては、独占禁止法上の問題（優越的地位の濫用）が生じるおそれがある」と注意をうながすことも忘れてはいません。

ちなみに、平成17年9月29日付けの、同じく公正取引委員会の報告資料「家電製品の流通実態に関するフォローアップ調査について」では、「メーカーは、協賛金に係る支出基準を整備し、合理性、公正性及び透明性の確保に努めることが望まれる」とし、「前年を上回る額の協賛金には応じない等の基準を設ける」等の、家電メーカー側も含めた取り組みを紹介しています。

ただ、私は公正取引委員会の取り組みとはやや異なる意見を持っていることを、これ以降述べていきましょう。

売り手と買い手の逆転現象

ここで、赤字販売というモデルを、少し突っ込んで考えてみましょう。赤字で販売するとは何か。それは、たとえば仕入れ、あるいは生産に100円かかった商品を、50円で販売することです。さらに分解すると、お客に50円を渡すということになります。販売というよりも、50円を提供するという、倒錯にも似た行為です。

なぜ、仕入れ、あるいは生産に要した100円以下の金額で販売できるのでしょうか。一例として家電量販店における販売協賛金のことをあげました。つまり、さきほどの例でいえばお客に渡す50円を仕入れ先からもらっているわけです。

まるで「売買」が逆転しているような錯覚を覚えます。家電量販店は、お金を支払ってお客に商品を「売り」、仕入れ先は家電量販店にお金を支払って「納入」する。これまでの商行為が逆さまになっているからです。

赤字販売モデル

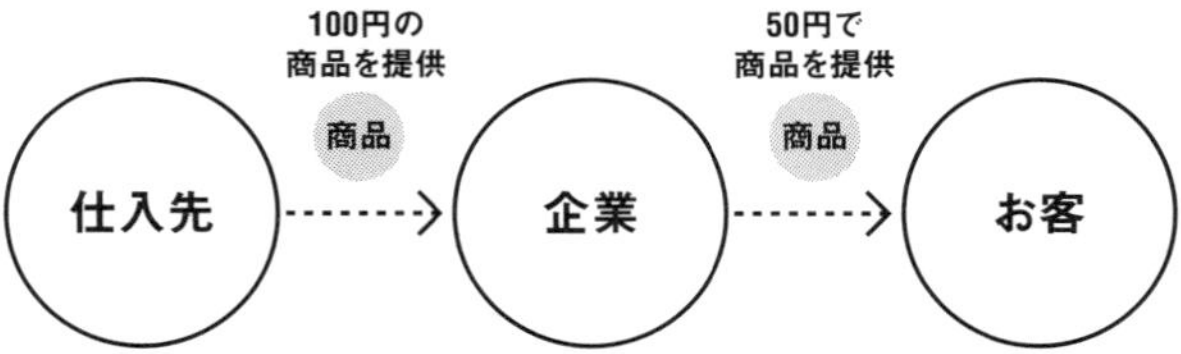

赤字販売モデル（具体的価格追記）

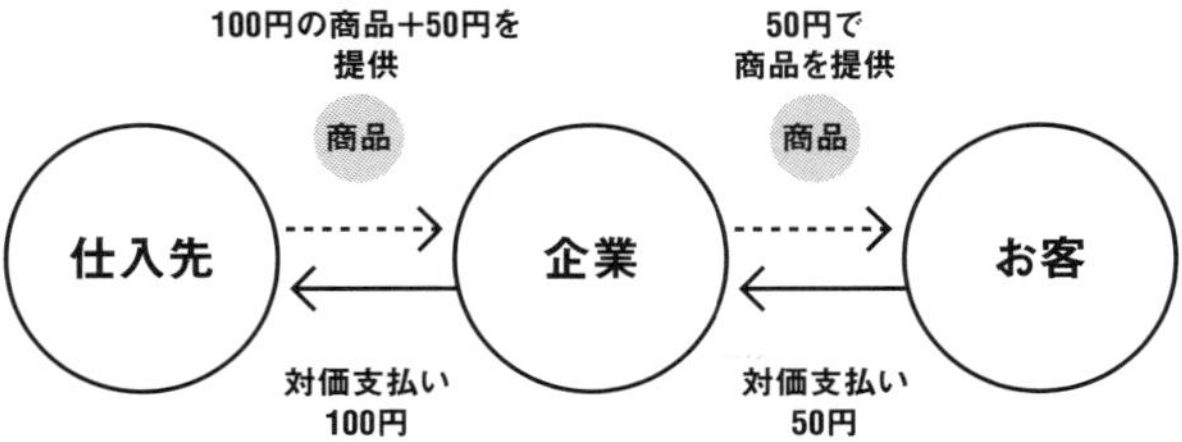

ここに私は「逆転経済の到来」を見ます。

売り手がお金を払って商品を売り、お客はお金をもらって商品を買う。行為に生じる金銭の交換が逆転してしまうこと。それこそが「逆転経済」にほかなりません。

「お金を払って売り」「お金をもらって買う」人たち

これまで赤字で販売するモデルを取り上げました。家電量販店等の小売業のビジネスモデルでは、お客には赤字で販売している一方で、その赤字を仕入先から補塡してもらっていたのです。そしてそのモデルでは、「お金を払って売り」「お金をもらって買う」人たちが台頭します。この事象が「逆転経済」です。なぜ、そのような逆転現象が起きているのでしょうか。

それには三つの、連鎖した理由があります。

1　モノが売れなくなった
2　消費自体が労働になった
3　消費という労働によってお客がお金をもらうことになった

まず、「1　モノが売れなくなった」はわかるはずです。不況、経済停滞……さまざまないい方があるように、現在はモノがまったく売れません。テレビでは今日も新商品の宣伝が波のように押し寄せます。インターネットを見ても同じです。携帯電話にも商品紹介のメールがやってきます。その宣伝の過剰さは、逆説的にモノが売れない時代を象徴しているかのようです。しかし、現在は消費に使うお金を誰も持っていないので売れない。それがまた過剰な宣伝広告を生むのでしょう。

かつて「ほしいものが、ほしい」というキャッチコピーがありました。しかし、現在ではもう一つの問題があります。それは端的にいえば「ほしいものがない」ということです。生活に困ることはない。衣食住も完全には満足してはいないとはいえ、死ぬほどではない。今日もささいな追加機能を売りにした商品が次々と市場に投入されています。ただ、それでもさほどアピールするものではありません。多くの生活者の実感は、どの商品を買ってもたいした違いはない、というものです。

それは、どのような構図を生むでしょうか。「2　消費自体が労働になった」ということです。言葉を換えれば、「なんとかお金を使うように仕向けられている」ということにもなります。ほしいものがないのに、何かを消費させられている時代。企業は消費者になんとか財布を開かせようとし、いったん財布を開いたらどこまでも開かせようとしています。もはや、お店に行って何かを「買わされること」は、消費者にとって一つの労働となりました。

そして、「3　消費という労働によってお客がお金をもらうことになった」といったとおり、消費という「労働」を課せられている以上、その行為に対して対価が支払われるに至ったのは、ある意味で当然だったというわけです。

私がこの文章を書いているのは深夜ですが、今日一日に届いた宣伝メールを確認したところ10通もありました。「坂口様の購入履歴から、おすすめの商品をご紹介します」「この商品を買った人はこんなものも買っています」「スタッフのおすすめ」「人気・売れ筋ランキング」「カスタマーのおすすめ」……。そして、会社に届いていた2通のダイレクトメールを開けてみました。「坂口様、日ごろのご愛顧まことにありがとうございます」「坂口様のために特別な商品をご用意いたしました」「坂口様のお役に立てることを信じております」……。私の名前をおそらく自動挿入していたところは12箇所にも上りました。

金を払え、金を払え。何かを買え、何かを買え。猛烈な気だるさが私を襲いました。まさに私は多くの売り手たちから、消費という行為を労働として強制されているらしいのです。

倒錯した経済の負担者は誰？

ここで一つの疑問が浮かびます。「消費という行為が労働になり対価が支払われているといっても、元をたどれば、その対価は誰が支払っているのか」ということです。販売店が消費者に対価を支払い、それはもともと仕入先が販売店に支払ったものだといいました。しかし、それでは仕入先だけが損していることになるのでしょうか。あるいは、違う誰かがその補塡を行っているのでしょうか。

さきほどの説明では、仕入先だけが対価を支払っているように思えるはずです。しかし、そうではありません。この先をたどるとどうなるでしょうか。実は同じく、その川上の仕入先に同じような交渉をしています。誰もがご存じのとおり、現在では外部からの仕入れや調達なしに自社製品を作ることができるところはほとんどありません。部品や材料や、さまざまなものを組み合わせています。

家電量販店の例のように、実は多くの完成品メーカーはさらにその先の仕入先に対して毎年定期的な一時金を要求しているのです。一時金とは、文字どおり、「仕入先から一時的に支払われるお金」です。毎年、仕入金額の数パーセントを一括で払い戻してもらいます。率は業界によって異なりますが、3～5％の範囲であることが珍しくありません。1億円を仕入れると、500万円がキャッシュバックとして戻ってくるわけです。これは少ない金額ではありません。

ちなみにこれは会計上の処理としても「売上割戻し」として認められています。なにやら難しい言葉ですが、要するに「特定の顧客に売上げがたくさんあったときに、割引してお金をお返しすること」です。逆に仕入れた側は「仕入割戻し」として計上します。もちろん、悪質なものが摘発されることは当然です。売上割戻しとして顧客企業にお金を払えば、国にとっては取ることのできる税金が減ってしまいます。また、仕入割戻しとしてお金を受け取る立場の企業も、それが一歩間違えると下請けイジメになりかねませんから、ちゃんと両社で明確な合意が必要です。

とはいえ、いまでは仕入先にこのようなキャッシュバックを求めない企業はないほど一般化しています。仕入先とは、本来はお金を支払う対象のはずです。しかし、現在ではお金を補充してもらうところという意味合いが高まっています。それは消費者がお金を支払わなくなった帰結ともいえる現象なのです。

その先のコスト負担者は誰？

さて、その先はどうなっているのでしょうか。

さきほどまでの説明で、「仕入割戻し」という連鎖が続いていることはおわかりいただけたと思います。消費者に支払ったお金は仕入先へ要求し、その仕入先はさらにその元の仕入先に要求し……という連鎖が続いているわけです。これが続けばどうなるか。もちろん、無限に仕入先があるわけではありません。では、最後は誰が負担していることになるのでしょうか。

これものちほど詳しく説明するものの、それは各労働者が負担しています。１００万円で販売すべきところを、90万円で販売しているわけです。企業はその原資を各企業で働く労働者に求めます。

つまり社員はこの「逆転経済」のなかでは、常に働きに応じた給料をもらえないのです。月給30万円の人の30万円はこれまでなら40万円ほどの月給を得ることができた労働を通じてやっと手に入れることができます。労働者はこれまで以上に「オーバーアチーブ（労働報酬以上の労働価値)」を求められるのです。

本書の主題は労働論でも企業論でもありません。しかし、「逆転経済」が到来した社会においては、労働者は常に本来の価値以下の報酬しか受け取ることができないという事実は指摘しておきたいと思います。消費者はお金をもらって労働しているように見えながら、実は企業内での労働で、しっかりとこの経済構造に還元しているわけです。

昨今、派遣労働者の悲哀だけではなく、給与が上がらない正社員や、常に過剰労働を要求される労働者たちが話題になります。それは、この潮流のなかでは必然のことです。

以前、マルクス主義というものがはやりました。マルクス主義は、資本家に搾取《さくしゅ》される労働者に団結を促し、共産主義の成立を目指したものです。しかし、企業間の健全な競争をも阻害したため共産主義は思想的に敗れ、資本主義が高度に発展していきました。しかし、どうやらここにきて高度に発展した資本主義経済は、お金の流れを逆転させたあとに、変形したマルクス主義をもたらしたようです。

赤字戦略が新たな商売を示す

ここで、「赤字だらけの商品だけを販売できないだろう」という疑問が湧くかもしれません。「赤字販売といっても、そんなに上手くいかない場合もあるのではないか」という疑問もあるでしょう。これものちほど赤字販売の功罪を検証します。

ただ、ここではまず赤字販売が宣伝効果を持つため、悪いことばかりではないこと。そして、赤字といってもさまざまな種類があること。また、仕入先から赤字を補塡してもらうモデルが台頭してきていること。最後に、赤字補塡のサイクルは、消費者にお金をわたし、仕入先からお金を受け取り、最後には労働者に負担させるという「逆転経済」の到来を意味しているということ。それらの概要をお伝えしておこうと思います。

そして、逆転経済と付随する赤字販売は悪いことばかりではありません。これからの商売のトレンドすらも私たちに教えてくれます。

赤字は、すばらしい。

これは皮肉ではなく、これからの新たな商売を指し示す、一つのフレーズなのです。

逆転経済における奇妙なつながり

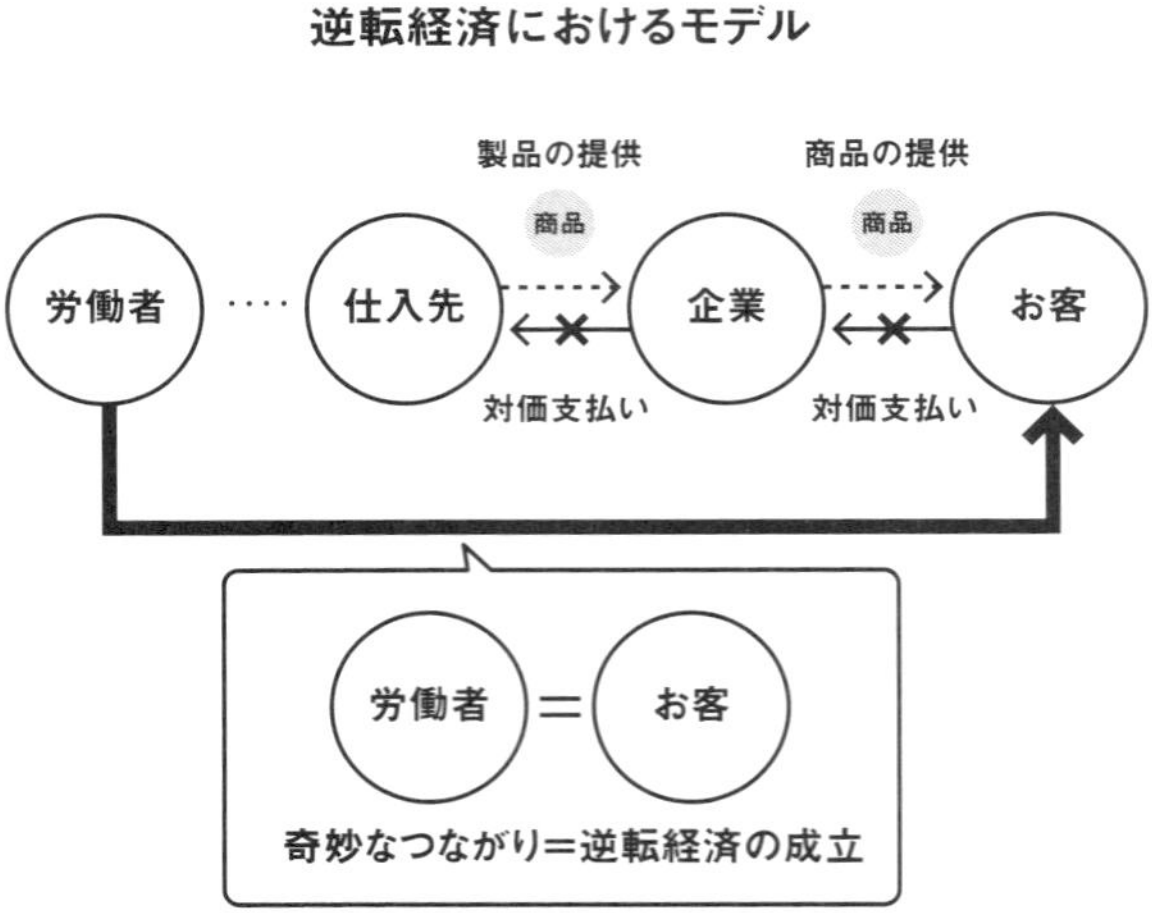

第2章 赤字の功罪

夜空の値段と赤字商売

2万6000円で買える幸せがある。

そんな話が目に飛び込んできたのは、ある雑誌を読んでいたときのことでした。その幸せを経験できる場所はJR京葉線舞浜駅の近く。時間は15分程度とはいえ、これまで経験したことのない空間が待ち構えているらしい。インターネット経由で、さっそく申し込んでみました。

舞浜駅北口で待ち合わせたバスに乗り込んだあと、待合室に到着。そこから安全のためのいくつかの説明を聞いたあと、私はけたたましい音の響く部屋に案内されました。

2万6000円で買える幸せとは、東京上空のクルージングです。これまでは富裕層か企業の経営層くらいしか乗ることのなかったヘリに、たった数万円で乗ることができる。しかも、夜の東京上空を一望することができる。通常であればヘリを1時間ほどチャーターすれば100万円ほどかかります。その安価な「幸せ」は私を惹きつけるのに十分でした。

8人乗りのヘリは舞浜近くのヘリポートを離陸したあと、東京の名所をめぐり、再び出発地に到着します。東京タワー、六本木ヒルズ、新宿のネオン街、皇居、東京ドーム。隣のカップルは、もう幾度か同じ経験をしたといい、さらにもう一組の家族連れは「東京観光の目玉に」と、その幸せを満喫している様子でした。最後はヘリとの記念撮影まで用意され、あっという間にその15分が過ぎさります。待合室に戻ると、次のフライトを待ちわびる人たちであふれていました。

「もしよろしければ、こちらも」

渡されたパンフレットに載っていたのは横浜発のフライト案内。私が同伴していた彼女はそれを熱心に眺めていました。そのクルージングは、みなとみらいのヘリポートからベイブリッジをまわるもの。彼女のなかではもう次の「幸せ」を買うことは確定していました。「たった15分程度だけど、2万6000円で幸せな時間が買えるならいいじゃない」と。

いらなくなったヘリの活用法

ヘリの価格は双発エンジンの一般的なもので10億円ほどといわれます。バブル当時には、この10億円もするヘリがばんばん売れていました。昨今のような不景気時にはなかなか想像もつきません。当時は大企業ばかりではなく中堅企業でヘリを保有しているところも珍しくありませんでした。もちろんヘリ保有によって経営者の移動をラクにしたり、あるいは見栄もあったりしたのでしょう。

ヘリが売れていた理由は二つありました。一つめが、節税になるということ、もう一つが転売可能だったということです。

一つめの節税について簡単に説明します。かつてはヘリのセールスマンの営業トークは「節税対策なさっていないのであれば、すぐにヘリを買ってください」というものでした。ヘリの減価償却期間は2年間だったので、2年間はヘリを買うだけで多額の税金を減らすことができたからです。減価償却とは、設備等の経費を複数年に分割して計上することを指します。ここでは減価償却の説明は省くものの、その10億円が企業の費用に計上できるので、その分の利益を減らすことができる（＝税金が安くなる＝節税になる）と考えてください。

たとえば会社の利益が20億円ほどだったとしましょう。それに対して法人税等の税率は約40％ですから、何もしなければ20億円×40％＝8億円ものお金が税金として会社から消えていきます。それをヘリ購入によって利益を15億円ほどに減らせば（20億円－5億円）、税金は15億円×40％＝6億円となり、当初よりも税金を2億円も減らすことができました。しかも、減価償却期間は2年ですから、この節税はその翌年も継続できます。このように合計10億円を、1年めに5億円、2年めに5億円計上し、税金を減らすことができたのです。

厳密には減価償却には定額法と定率法というものがあり、1年めと2年めに計上するヘリの減価償却費は異なります。ただ、ここでは大意として、ヘリを購入することで節税できたのでヘリを購入するインセンティブがあったのだということを覚えておいてください。要するに、税金を支払うくらいであればヘリでも買ってしまえ、というわけです。さすがバブルの臭いがします。

そして、もう一つは転売可能だったということです。ヘリを2年間、費用計上したあとに、それを10億円で売却することもできました。バブル当時はヘリを保有したい企業が多く、市場も形成されていましたので、中古ヘリといっても値段があまり下がらなかったのですね。

なかには将来の値上がりを予測して、買い戻し保証付きのヘリを売り出す業者もいました。中型のヘリ5億円を買ってくれれば、2年後に5億円で買い戻すというわけです。もちろん、2年後の中古ヘリの市場価格が5億円以上になるという見込みでしたからそのような契約が可能でした。それを買う企業にとってみればリスクはなかったのです。ただその後、バブルが崩壊し、そのような業者は憂き目を見ることになりました。そして企業にとっても高値転売を狙っていたヘリの行き先を失い、しかも維持費だけでも数百万円から数千万円はするために重荷となって、多くのヘリが叩き売りされていったのです。

年間何百回と利用されているヘリであれば、保有し続ける価値があったのかもしれません。しかし、ほとんどのヘリは、維持費に見合う便益を生みませんでした。さらに利益が出ていた時代であれば、節税効果というものはありえます。しかし現在は利益がそもそも出ていません。むしろヘリは利益を圧迫する「固定費」になってしまったわけです。

回収が終わったら売ればいい

そのような背景もあって、現在ではヘリは「買うもの」ではなく、「必要なときにその都度借りるもの」になってきました。そんなにお金があまっている企業もないですからね。それに私が利用した業者など、個人向けにヘリをチャーターさせてくれるところも増えてきました。

通常利用されているヘリは、年間200～300時間ほどしか飛ばないといわれています。ヘリはエンジンの数で双発機と単発機にわかれており、たいていは安全上の問題から双発機が選択されています。その双発機10億円で年間200～300時間。離島間を結んだり、特殊輸送に使われたりしているヘリはこの限りではありません。ただ、通常のヘリはその程度です。

あなたがヘリのチャーター業を営んでいるとして、ヘリの費用を4年間で回収したいとしましょう。それを前述のとおり10億円とすると、10億円÷（200～300時間×4）＝83万～125万円／時間という計算になります。

ヘリの機体代金を回収するだけでも1時間あたり100万円程度かかることになります。1年間は52週間ですから、週に4回ほど飛んでいるヘリであっても、1回あたりを計算すると、かなりのコストになるわけです。しかも、実際には燃料費等も発生します。だから、チャーター専用のヘリであっても、1時間100万円くらいかかるのは、ある意味しかたがないことです。

もし、1時間100万円以上かかるヘリであれば、フライトの前後含め20分で計算すると33万円ほどかかるはずです。私が乗ったときは8人しかお客がいませんでしたから、2

万6000円×8＝20万8000円。これはソンをしながら、お客に上空での夜景を提供しているのでしょうか。また、違うヘリのチャーター業者は、1時間100万円以下の金額、ときには20万〜30万円程度の価格設定をしています。これらはすべて計算を無視した商売をやっているのでしょうか。

さきほどの計算にはちょっとしたトリックがあります。

私は、ヘリの価格が10億円で、費用回収期間が4年間、年間飛行時間が200時間程度と仮定を立てました。しかし、これは固定的なものではありません。考えればわかるとおり、ヘリを安く買うこともできます。中古で買えば、ときに半額以下になることも少なくありません。少なからぬヘリのチャーター業者も、中古ヘリを活用しているといわれています。もちろん、説明したとおり、中古といっても何千回も飛行しているわけではありませんから、安全性に問題はなく快適です。

ここで、もう一つ仮定に変化を与えてみます。平均的なヘリは年間200時間程度の飛行時間だ、といいました。そこから、導いたコストは時間あたり100万円というもの。もしヘリのチャーター業者の営業マンが、この100万円というコストを暗記し「100万円以下であれば注文を引き受けない」態度だったらどうでしょうか。それは明らかにソンをしています。なぜなら、たとえあるお客は100万円以下しか支払わないとしても、その他のお客で200〜300時間以上をフライトしていれば、その分でヘリのコストは回収できているからです。あとは低い金額で受注しても利益はずっと増えていきます。だから、時間100万円以下の金額でも、どんどん受注してしまったほうがいい。

その1回のフライトだけを見れば赤字かもしれません。ただ、赤字であってもフライトがなかったら1円にもならないのです。ヘリは固定費ですから、客が乗ってくれようが乗ってくれまいがそのコストはかかります。ヘリのコストを回収したあとは、赤字であっても売ってしまったほうが、利益は伸びていくのです。

赤字のすばらしさ

⑥固定費はどうしてもかかってしまうものなので、赤字で販売したとしても固定費を有効活用することにつながる場合がある。

ポイント制は赤字販売の始まり

私がヘリの例を通じて述べたかったのは、第1章のおさらいでもあります。ヘリのコストは固定費ですから、お客が乗ろうが乗るまいが必ずかかるものです。だから、固定費を回収し終わったら、低い金額でもいいから客数を伸ばしたほうがトクということになります。

ここで第1章の家電量販店の例を思い出してください。

家電量販店の説明で私は、仕入原価を「変動費」、販売員の給料や建家の家賃等を「固定費」として分類しました。家電量販店では変動費である仕入原価に、固定費と利益を加算して販売価格を決定しています。しかし、その価格ではお客に訴求せず売れなくなってしまうこともある。だからそのときには利益だけではなく、固定費分の価格も削ることによってお客に販売するのでした。もちろん、固定費を回収できるに越したことはありません。ただ、売れないよりは少しでもお金になったほうがいいので、規定の固定費を回収できなかったとしても売ってしまうのです。

さきほどのフライトの例でも同様に考えることができます。フライトでは、規定価格が100万円だったので、ほんとうはその金額以下では販売したくない。でも、そのお客にかかわりなくヘリのコストはかかってしまうので、規定価格以下でも売ってしまえということになります。第1章で「2　規定利益からの赤字」というものを見ました。見た目は赤字かもしれない。でも、規定利益以下であっても変動費分は回収できるからマシだということです。

では、次の疑問が浮かびます。このような「売ってしまえ」という思いは、どのようなコスト構造を持つ業界で起きがちなのでしょうか。

それは簡単にいえば固定費がたくさんかかる業界です。また、変動費に対して固定費の割合が大きな業界になります。しつこいようですが、固定費は必ずかかるもので、変動費ではありません。また、そのような企業を固定費型企業と呼びます。

その代表は航空機業界です。ヘリの簡単な例から導きたかったのは同様のコスト構造を持っている航空会社でした。ご想像のとおり、航空会社のコストの大半は航空機です。もちろん、燃料費はかかっています。サーチャージに代表されるように、それは無視できない金額です。しかし、それでもなお、もっとも費用がかかるのは航空機そのものであり、パイロットや客室乗務員の給料であり、それらはすべて固定費に属します。

日本航空の例をあげてみましょう。日本航空インターナショナルの有価証券報告書（平成20年4月1日～平成21年3月31日）からのデータです。日本航空は有価証券報告書のなかの損益計算書によると、1兆6647億円もの事業収益があります。これを売上げとして読み替えてください。

しかし、事業費が1兆4841億円もかかっています。これは、製造業でいうところの製造原価としてとらえておいてください。かつ販売費及び一般管理費のところも2431億円ほどかかっています。

売上高……1兆6647億円
事業費……1兆4841億円
販売費及び一般管理費……2431億円

ここで、事業費の内訳を見てみましょう。人件費で1673億円、航空機材賃借料で1292億円、社外労務費で1195億円、運航施設利用費で1166億円……とかなり固定費の比率が大きいことがわかります。また、「販売費及び一般管理費」に関しては、その2431億円のほとんどが固定費に属します。

唯一変動費的な要素としては「航空燃油費」があります。燃料費とは、たとえば製造業やサービス業でいえば変動費に属するものです。生産数や販売数に応じて燃料がかかります。しかし同じ燃料費といっても、航空会社にとってはあまり変動的な側面を持っていません。燃料の値上がりや値下がりは変動的ではあるものの、燃料費自体は固定費に近いものです。なぜなら、航空会社は、お客がいないからといって飛行機を運航しないわけにはいかないからです。

こうやってみると、航空会社のコストは固定費の塊であることがわかります。

赤字であっても「売ってしまえ」と思いがちな業界はどういうところだろうか、という疑問に私は「固定費がたくさんかかっている業界」であると答えました。日本航空の決算書からもわかるとおり、航空会社はその意味で「赤字販売」をしがちな企業であるということができます。

ほんとうは規定利益を確保できるような価格で販売したい。でも、飛行機に100人乗っていようが500人乗っていようがかかるコストは変わりません。ならば、激安で航空券を販売してしまって、少しでも稼げたほうがいい。これが、航空会社がマイレージポイントという名の「割引券」を乱発し始めた背景でした。

赤字販売のカラクリ

⑦固定費がたくさんかかってしまう航空会社のような企業は、ポイントを乱発することで割引き、あるいは赤字販売しがちになる。

何のために「正規航空運賃」はあるのか？

飛行機に乗る私たちは、全員「正規航空運賃」が高いことを知っています。そして、多くの人はそんな「正規航空運賃」を支払って搭乗しません。出張のときは、旅行代理店が会社むけの特別割引でチケットを販売してくれますし、個人旅行であってもインターネットで検索して（ときには正規航空運賃よりも安い）格安ツアーに申し込むのが普通です。それに街中のチケットショップに行けば格安航空券か、あるいは航空運賃が半額になる株主優待券を買うことができます。よって「正規航空運賃」は一つの指標にはなるものの、実際にはほとんど使われない価格です。

ホテルも同じでしょう。たしかにホテルには正規料金はあります。しかし、代理店経由や「じゃらんnet」「楽天トラベル」経由で予約すれば、かなり安くなることを私たちは知っていますし、ほとんどの人が実践しているはずです。有名無実化しているこれらの価格を前に、「それならば最初から安い金額で表示してくれ」と思うことも少なくありません。

イギリスの有名なサイトに「lastminute.com」というものがあります。これは航空券からホテル、レンタカー等々の格安予約ができるところです。覗いてみると、イギリス発の航空機が中心ではあるものの、かなりの激安予約が可能でした。ロンドンからパリまで約8000円程度で飛べるチケットもありましたし、写真でかなり高級そうなホテルも1泊5000円ほどでした。

まさに「last minute（最後の1分）」という名称が象徴的に感じられます。もちろん、ホテルでも航空券でもお客から高い金額をとりたいはずです。しかし、「last minute（最後の1分）」までお客がいなければ、安売りして代金を少しでももらったほうがいい。「lastminute.com」に掲載されている業種が、総じて「固定費型」の業態であることはその証左です。

日本にも「トクー!トラベル」というサイトがあります。同じく、直前、できれば当日のホテルを検索してみてください。50%オフは当然で、80%オフになっているホテルまでありました。この「トクー!トラベル」に限ったものではなく、さまざまなサイトが同じような情報を掲示しています。会社の出張経費削減が叫ばれ、宿泊の伴う出張が激減したなか、ホテル各社が赤字でも「売ってしまえ」と思う典型例です。

航空券では、さらに違う動きが出てきました。各航空会社はこれまで、建前上は格安航空券とは存在しないもので、認めていません。ただ実際は、乗客数の少ないオフ時には旅行代理店に格安で旅行券を卸していたために格安航空券が誕生しました。そうしているうちに、格安航空券が有名になり、むしろ「正規航空運賃」を支払う人がいなくなったのです。

そこで、最近では航空会社が自ら安価な航空券を販売しだしました。格安航空券に対して、航空会社が割り引く航空券を「ＰＥＸ（正規割引航空券）」と呼びます。「正規」というのがややこしいですね。いまでは、航空会社のインターネットサイトを通じて格安の航空券を買うこともできます。旅行代理店が提供する格安航空券よりも安価な場合が多いほどです。

そのようにして、航空会社は格安割引航空券を自ら販売してまで「固定費」の有効活用、赤字販売を開始したというわけです。

商品の値下げには段階がある

ここで再度、航空会社のコスト構造の例に戻ってみましょう。航空会社のコストは固定費の塊で、変動費はさほどかかっていませんでした。

これは企業全体のコストです。ただ、これは１枚の航空券のコストと見立てても同じ構造になります。企業は、一つひとつの商品を販売し、その積み重ねを会社全体の売上げとするからです。この場合であれば航空会社は、一枚一枚の航空券を販売することで、売上げを立て、それにかかったコストを差し引いて、最後に利益を計算します。

第1章の家電量販店でも見たように、最初は利益を削り、それでも売れない場合は固定費を削るといいました。ここで固定費にはさらに2種類あることをご説明します。

・サンクコスト固定費……すでに支払ってしまった固定費のこと。減価償却費など
・非サンクコスト固定費……これから支払う固定費のこと。人件費や家賃など

の二つです。商品を販売するときを基点に考えると、過去の費用がサンクコスト固定費であり、将来の費用が非サンクコスト固定費となります。

サンクコスト固定費とは、文字どおり「サンク（＝埋もれてしまった）コスト」のことです。本章の冒頭でヘリの例から減価償却費を説明しました。ヘリの減価償却費とは、すでに支払ってしまったものをいかに計上するかという問題です。10億円のヘリの費用を、初年度に5億円、翌年に5億円を計上するとしましたが、それはすでにお金が出ていってしまったものをどう配分するかという、計算上の問題だけです。

たとえば、映画館に行って作品を見始めたときに、ものすごくつまらなかったとしますよね。そのとき、あなたが入場料として支払った1800円はサンクコストになります。もうお金は財布から出ていってしまっていますから、それは後悔すべき対象ではありません。取り返すことができませんから、もういっそのこと映画館から出てしまうのがトクです。

それに対して、非サンクコスト固定費は、これからお金が発生するものです。社員の給料や人件費は、商品を販売したあとに支払いが生じます。過去の費用がサンクコストで、将来の費用が非サンクコストだといったのは、そういう理由です。

さて、この区分が商品価格にどう影響するかというと、値下げの段階があるということにつながります。サンクコスト固定費はあきらめもつくけれど、非サンクコストはなかなかあきらめきれない、ということです。

商品の値下げ段階1……利益を削る
商品の値下げ段階2……サンクコスト固定費を削る
商品の値下げ段階3……非サンクコスト固定費を削る

という段階になります。

値引き、あるいはポイントの乱発など手法はさまざまです。しかし、商品が売れないことにはどうしようもありません。利益を削って、サンクコストを削って、非サンクコストを削って、最後には変動費＋1円のところまで価格は下がっていきます。

引越しなどの業者も、航空会社とは違う意味で固定費型の企業です。引越し業者に必要なものはトラックと作業員だといわれます。引越し業者の固定費はおわかりのとおり、作業員そのものです。

引越しは春と秋がピークといわれ、多くの転勤サラリーマンや学生が利用します。引越しの価格とは一定のものではありません。もちろん交渉や運ぶ量にもよりますが、時期によってかなり大きく変動します。私もピークから外れたときに、複数社から見積りを入手し、かつ交渉してみました。近距離とはいえ2万円ほど。まったく人件費すら出ない金額で受注してくれたことに驚きました。

引越し価格のデータを見ていると2月、6月、11月あたりは、かなり底値になることがわかります。それは需要量の少なさに応じて引越し業者がときに非サンクコストを割り込む価格で受注しているからです。人件費は固定費ですから、何の仕事もなく遊ばせておくよりは、お客にサービスを安価提供したほうがよいというわけですね。

もちろん、値下げしないという戦略があってもよいでしょう。しかし、サービス提供業者がたくさんいる資本主義社会においては、似たようなサービスは必ず競争にさらされます。しかも、いまは誰もがお金を使いたがらない時代です。そうなると、売り手たちは価格を下げざるを得ない。そして、どこまで下がるかといえば、変動費＋1円まで下がる。

これからの時代の必然は、「商品の価格は変動費に近づく」ということです。

赤字販売のカラクリ

⑧固定費はさらに「サンクコスト固定費」「非サンクコスト固定費」にわけられ、売り手はこれらを減じて販売する。それでも売れない場合は、変動費＋1円まで売価が下がっていく。

固定費の有効活用がアダになる日

さて、ここでもう一度、日本航空インターナショナルの有価証券報告書に戻ってみましょう。そのときに取り上げた数字はこのようなものでした。

売上高……1兆6647億円

事業費……1兆4841億円
販売費及び一般管理費……2431億円

前述ではあえて注目しませんでしたが、この期の日本航空インターナショナルの営業利益はマイナスになっています。営業利益は売上高から費用を引いて計算されるものです。その結果は、マイナス625億円（1億円以下は切り捨て）となっています。これはいわゆる赤字のことで、正確には営業損失と呼ぶものです。

私はこれまで、まったく売れないよりはマシだからと、赤字販売の正の側面ばかりを強調してきました。赤字で販売したって、変動費以上を稼げているのであれば、トータルで利益は上がっていく。だから、赤字販売も捨てたもんじゃないと。

ただし、私の説明には、「商品のいくつかは赤字販売していても、他の商品の売上げで赤字の固定費分を補塡してくれている」という前提が隠れていることを忘れてはいけません。

固定費を回収した上で、航空会社であればポイントを乱発したり、ホテルであれば格安宿泊券を販売したりすることはできます。あるいは、その時点では固定費を回収できていなくても、ポイントや激安商品の魅力によってお客が他のサービスも買ってくれれば最終利益は出るかもしれません。

ただ、すべての商品を固定費割れで販売することはできないのです。そうなると、どの商品も固定費の回収に寄与しません。そのままの価格では売れないが、値下げしたら売れる。だから商品を値下げする。それが一つの商品だけではなく、すべての商品に広がってしまえば、何の利益獲得機会もありません。それがいまはフリーライダー（タダ乗り）ばかりなのです。

少なからぬ割合の人たちは、会社のなかでの宴会幹事を自ら引き受け、その代金をクレジット払いにし、カードのポイントをマイルに変換して旅行を楽しんでいます。そのような裏技を使わなくても、買い物のたびにカードを提示しポイントを貯め、年に数回ほど空の旅を満喫している人たちはたくさんいます。彼らからすると航空券は、それまでの「忠誠心（＝ロイヤルティ）」の見返りとしてもらうものであって、お金を支払う対象ではありません。

どのカードを持てばポイントがもっとも効率的に貯まり、マイレージに交換できるか。そして交換比率はどのポイントカードが一番か。Edy に入金したときにポイントを貯め、さらにそれで買い物をすることによって二重にポイントを得る。しかも、ファミリーマートのファミマTカードであれば公共料金の支払いでもクレジットポイントがつく、いや漢方スタイルクラブカード（ポイント還元率が高く、マニアのあいだで有名なカード）はポイント還元率が最高だ……などの「研究」がなされ、どんどん固定費型企業は固定費を回収することが難しくなっている状況があります。当初、ポイントカードはお客を引き寄せる魔法でした。しかし、各社乱発時代にあって、それは自らの首を絞める劇薬にもなりえます。

赤字販売が成立する条件と現状を述べると、

赤字販売の条件「赤字販売の商品はあっても、他の商品で固定費分を回収すればよかった」→現状「他の商品すらも値引きを余儀なくされ、固定費を回収できなくなった」

ということです。

本章のタイトルは「赤字の功罪」でした。どんなことにもよい側面と悪い側面がありま す。本書を読んでいる営業マンがいれば、ある企業と新規取引を開始するにあたり、初回商品は赤字の価格を提示した経験があるかもしれません。もちろんその場合は、その商品で儲けようとするのではなく、その商品以外も買ってくれることによって儲けようとするものです。それは悪い戦略ではないでしょう。しかし、その後も赤字商品だけしか買ってくれなければ、どうやっても利益を出すことはできません。

価格から変動費を引いたものを「限界利益」と呼びます。商売ではこの限界利益をいかに上げていくかが重要です。いくつかの商品で限界利益がゼロに近かったら、他の商品で限界利益を上昇させなければ商売の継続はできません。とはいえ、今後の商売の拡大を考え、変動費ギリギリで仕事を取る場合もあります。では、そのような仕事の受け方は、どれくらいが適切なのでしょうか。

やや経験的にいうと、限界利益がゼロに近い、変動費ギリギリ（第1章で見た「2 規定利益からの赤字」）の商品が、全体の2～3割を超えると危ないといえます。それだけの数の商品が固定費を回収しないものであれば、全体としても赤字になってしまうわけです。

単品の赤字はよい場合もあります。しかし、手放しで賞賛できない理由もあるのです。

赤字販売のあやうさ

⑨固定費を削る、あるいはポイント発行によって赤字販売してもよいが、それを利用して販売を増やすことができない場合は、結局行き詰まる。

家電量販店と航空会社のコスト構造

しかし、ここで考えてみると、航空会社と家電量販店では、大きな違いがあります。航空会社はさきほどまで述べたとおり典型的な固定費型企業です。しかし、家電量販店はそうではありません。仕入原価である下代《げだい》が7割程度だと第1章で説明しました。

ということは、家電量販店はむしろ、典型的な変動費型企業ということができます。赤字でも「売ってしまえ」と思いがちなのは固定費が大きな企業であると説明しました。それが利益率ではなく利益額を全体では最大化し、固定費の有効活用にもつながるからです。

しかし、現在多くの人が（マイルを含む）ポイント制といえば、まっさきに思い浮かべるのは家電量販店業界と航空機業界の二業界でしょう。その理屈でいえば、固定費型企業のほうがポイントは乱発しやすいはずなのに、なぜ変動費型企業の家電量販店がポイントを乱発しているのでしょうか。

まさにそこに私は「逆転経済」の誕生理由を見ます。前章で私は「逆転経済」という名目で、お金の流れが逆さになってしまった経済現象を説明しました。お客にはお金を払って商品を売り、逆に家電量販店は仕入先からお金をもらう。仕入先も、その下の仕入先からお金をもらうという事象が起きている。しかも、その最終的なコストは労働者（＝消費者）が支払っているという逆転構造。その嚆矢《こうし》が家電量販店業界であったのは、象徴的だと思うのです。

商品という実体を扱う業界は、海外勢の安売り圧力に押されてきました。ただでさえ商品が売れず、消費者もほしいものがないという現状に、海外メーカーによる半額ほどの商品が大量に押し寄せてきたのです。

売り手たちは値下げしないと商品が売れないために、他の売り手たちと競って価格を下げ始めました。安いことが恒常化し、さらに値下げが加速し、価格だけで他社との差別化を図るようになったわけです。

そのうち価格は変動費ギリギリまで下がり、限界利益はゼロに近づきました。もちろんそうなると固定費に含まれる人件費は捻出できません。家賃等々も回収できなくなります。そこで、家電量販店は固定費の回収や利益の確保を、お客にではなく仕入先に求めることになったというわけです。お客がダメならば違うところに利益源を、と。

「逆転経済」はお金を支払う人がいなくなる世界の、ある意味必然といえるものです。

第1章では家電量販店や、その他小売業の例を取り上げました。ただ、これは仕入れに関わる人であれば実感としてあるとおり、どこの業界でもやり始めたことです。私は多くの業界のバイヤーたちと触れ合っていますが、どの企業でも最大の関心事は「仕入先からどうやって一時金を獲得するか」ということに移行しています。

また、これは仕入れに関わる領域だけの変化ではありません。「これまでとは違ったところに利益源を求める」という動きはさまざまな変奏曲を奏でています。その例として、ネット通販の例をお話ししましょう。

買わないお客からお金を取る技術

先日、家電を定価の6分の1で買う方法を見つけました。いや、場合によってはもっと安く買うこともできる方法です。

私が買おうとしていたのは、アップルの iPod nano（第5世代 16GB）というものでした。定価は1万7800円ほどですが、その6分の1ですから、たった3000円にも満たない価格です。

それはかつて「ヤスオク」と呼ばれていたインターネットのサイトを使ってのことです（現在は「激安オク」と名称を変更）。これはよくあるセット販売の類ではありません。これまで、商売の常套手段として、「激安商品でお客を釣って、それとセットで高額商品を買わせる」というものがありました。しかし、この「激安オク」はそうではなく、実際に価格が3000円以下。しかも、驚くことに、6分の1どころか、それ以下の価格をつけた商品があちこちに散らばっていました。

ネットでは、やはりこのような驚くべき低価格が実現するのでしょうか。

私は企業の仕入れ・調達・購買に関わることを仕事としています。それは、仕入れ費を削減することだけを目的としているわけではありません。恒常的に適切な価格で仕入れることができるような仕組みづくりや、もともと安価な商品を提供している仕入先を紹介すること、あるいは人材育成が主たる仕事です。

とはいえ、やはり一般の人からすると「仕入れコンサルタントなのだから、手っ取り早くコストを削減してほしい」という思いもあるでしょう。また、「仕入れコンサルタント」と名乗る以上は、さまざまな企業や販売店の価格をチェックし、最安値のところを常に把握できるようにしています。

その点でいうと、やはり小売りの世界はインターネットが激変させました。第1章で説明したとおり、商品のコストは固定費と変動費に分類されます。当然、この固定費と変動費を抑えることができれば、商品を安く販売することが可能です。ということは、実際に店舗を構えているところよりも、インターネットだけで販売しているところのほうが固定費は少なくてすみます。もちろん、大きな量販店であれば仕入れ価格も安いはずですが、それでも固定費に十数パーセントはかかってしまうことも説明しました。ネット販売業者であれば、この分がほとんどかかりません。「価格.com」等の価格比較サイトをご覧になったことがある方がいればおわかりのとおり、いまでは価格ランキング（価格安）の上位のかなりの割合がネット販売業者で占められています。

もちろん、量販店で購入することの喜びはあるでしょう。詳しい説明を聞いたり、実際の商品を比べたりしてみることには価値があります。ただ、やはり「安さ」という前には、家電量販店もネット販売業者並みの価格に近づけようと苦労しているのが現状です。

では、前述の「激安オク」も、数あるネット販売業者の一つだ、と思っておけばよいのでしょうか。

私は「仕入れコンサルタント」を名乗っています。仕入れの世界にはかなり精通していると自負している人間です。実際の店舗で売られている商品の原価率や利益のカラクリをおおむね把握しています。もちろん、すべてを知っているわけではありません。ただ、それにしてもこの「激安オク」は安すぎないか。

ここにはどういうカラクリがあるのでしょうか。

説明していない内容が一つあります。それは、この「激安オク」で入札に参加するには、「入札」ボタンを1クリックするごとに費用がかかるのです。２０１０年10月時点では75円かかります。しかも、1回クリックしたら、入札終了時間が20秒を上限に延びていくのです。もちろん、そのあとに違う誰かがさらにクリックしてしまえば購入権が移るので、商品を購入できなくてもその75円は戻ってきません。誰かがクリックするごとに、入札金額は上昇し続け、かつその入札金額をより上昇させようと入札時間が延長してしまうわけです。

「激安オク」以外にも、他の類似サイトがたくさん乱立してきました。そこにはこれまで見たことのないような価格が乱舞しています。私が見ていたとき、あるパソコンがなんと定価の10分の1ほどでした。しかも、入札終了まであと1分程度。私はすぐさま「入札」のボタンを押しました。すると、次から次に世界中の誰かが私のあとに参加してくるのです。あっという間に入札終了は3分ほど延び、またクリック数に応じて入札にかかる費用も上昇していきました（75円×クリック数）。

何度もクリックし、そのゲーム性の高さに熱中している私。そのうち、あまりに勝負が終わらないため私は途中で離脱してしまいました。ただ、その後も「いつ、誰が、何円で入札するのか」が気になってしまい、しばらく画面から離れることができなかったのです。私は買うことのできなかったパソコンにお金を支払ってしまいました。といっても数百円です。むしろ面白い経験だったので、もう一度違う商品で挑戦しようと誓いました。ただ――、思いました。私は一体何にお金を払ったのだろうか、と。

お金を取る対象はお客だけではない

さきほども説明したように、これは「激安オク」だけのシステムではありません。かなり多くのサイトが激安商品をもとに、同様の仕掛けで無数の「見込み客」をおびき寄せています。価格の上昇はリアルタイムで中継を見ることが可能です。

私は商品を買いませんでしたから、お客ではありません。どちらかといえば見込み客に近い存在です。激安の商品――それ単品で見れば赤字販売です――を買わなかった見込み客。しかし、これまでのビジネスモデルと異なるのは、商品を買うお客からはほんのささやかなお金しか取らない代わりに、その他無数の見込み客からもお金を集めるという点にあります。

これまで見込み客とは企業がお金を払う対象でした。お金を払って、買ってくれる「ほんとうのお客」に育てるのです。しかし、このオークションシステムでは、お金の発生源はお客ではなく、むしろ「買わなかった見込み客」にあります。家電を使ったショーをやっているようなものです。激安ショーでは、誰が最終的に落札するのかはわからない。もしかすると、あなたが落札するかもしれない。だけどそのショーに参加したければ参加費を支払え、というわけです。

このシステムでは、通常ならお金の発生源にならないところからお金を吸い上げています。これは多くのバリエーションが出てきました。

大分昔に、ある出版社の社長が「これからは本を売って儲ける時代ではない。本を出したい人からお金を取る時代だ」といっていたのを聞いて驚愕したことがあります。著者は「文章を書いてもらって、お金を払う対象」ではなく、「お金をもらう対象だ」というわけです。しかし、いまでは自費出版ビジネスがさかんになっており、この形式も珍しくありません。また、このように、これまでは考えられなかったところが「お客になる」ビジネスはたくさんあります。たとえば、CGM（Consumer Generated Media）という言葉をご存じでしょうか。これはインターネットのサービスの一部を指すものです。このサービスでは文字どおり、消費者＝利用者がメディア＝コンテンツの生産者となります。各種の情報サイトでは、これまでサービスを提供する側がコンテンツを作成するのが一般的でした。それをこのCGMでは、利用者がどんどんコンテンツを付与していくのです。

専門家や経営者を集め、各人が主義主張を発しているサイトが多々あります。それらのほとんどは記事を書くことに代償が支払われておらず、むしろ「All About」等においてはお金を払う側は記事を書く専門家です。全員ではないものの、かなりの数の専門家たちは自分たちの宣伝にとお金を払って労働を続けています。

また、類似の変化として、私が真っ先に思い浮かべるのはコンサルタントの世界です。コンサルタントは、「一人前になるまでに数年は必要」といわれていました。コンサルタントの養成は難しいものです。なぜならば一人前にするにはお金がかかるものの、一人前になってしまったらすぐに会社の外に飛び出すからです。会社にいるよりも自分で稼いだほうが儲かるのであれば、コンサルタントが会社に留まる必要はありません。

しかし、現在では「このようなコンサル経験を積ませてあげるから、その経験にお金を払え」というコンサルタント募集が目立ってきました。最新の物流コンサル手法を現場で学べるので、年間10万円払えというわけです。これまでならば雇用対象だった新米コンサルタントも、そのような手法のなかではむしろお金をもたらす存在になっています。新米コンサルタントにしても、ベテランコンサルタントのノウハウが盗めるため、お金を払う人は多いそうです。これも、コンサルタントはクライアントから多額のお金をもらえる機会が少なくなったので、違うところに活路を見出したわけですね。

なお、私はこの自費出版ビジネスや「All About」、あるいはコンサルタントに見られるビジネスを肯定的にとらえています。それは逆転経済の嚆矢だったと評価していることと、またのちほど説明するものの、そのようなお金の流れの逆転は結果として新たな経済構造を創り出すと思っているからです。

逆転経済における労働者たち

赤字販売の発展

⑩販売商品は赤字であっても、これまで「お金を払っていた」対象を「お金をもらう」対象へと転換させることで利益を上げるモデルが登場した。

企業はお客から十分なお金をもらえない。その代償はまわりまわって、各労働者が負担することになるといいました。コスト構造と価格からも、そういえるのか。そこで、第1章からさらにやや深く突っ込んで、本章ではコスト構造の点からも、価格が非サンクコスト固定費を割り込み変動費に近づくゆえに、労働者にしわ寄せが出てこざるを得ないことを説明してきました。また、「激安オク」やCGMのように、これまでお金を払ってくれる対象ではなかったところに活路を探し出すようになった企業もあるのです。

ただ、それでも私はこの事象に対して肯定的な見方をしています。ここでは、全体的な構造を述べる前に、最終的なコストを労働者（＝消費者）が支払っているという事実についての考察を述べておきましょう。

第1章では「オーバーアチーブ」という言葉を使いました。これまで以上に働いた価値よりも、得られる報酬のほうが少なくなる社会。常に働き分以下の報酬しかもらうことができないことを「オーバーアチーブ」と呼びました。もちろん、どのような時代であっても労働者は会社に与えるもののほうが、会社から与えられるものよりも大きいことが普通です。10万円分の働きしかない社員に20万円分の給料を払い続ける会社はありません。終身雇用があるとはいえ、その社員を雇い続ける理由はどこにもないでしょう。それに、社員には社会保障費などの見えないコストがかかっていますから、稼ぐ以上には働かねばなりません。

ただ、私がいいたいことは、逆転経済の到来した社会においては、その「オーバーアチーブ」の比率が大変高まらざるを得なくなるだろうということです。もちろん、成果報酬などの給与体系変更はありうるでしょう。しかし、その場合も社員全体の給料総額は抑える形での変更になるはずです。会社が社員に給料を支払いたくても、お金がないんだからしかたがない。そんな企業の本音もあります。これまでのような右肩上がりの給料の伸びはおそらくあり得ず、むしろ賃金のフラット化がやってくるでしょう。

私は前章で、消費者の「買う」という行為は、もはや労働になっているといいました。強制的に財布を開けさせられ、お金を支払わせられるシステム。オーバーアチーブによって、やっと手に入れたお金も、消費という労働で蕩尽《とうじん》させられています。

かつて田畑にいた農民たちが工業化とともにブルーカラー（肉体労働者）になり、それがいまでは知的労働階級に移行しました。これまでならば田を耕して稲を育てていた人々が、工場でボルトを回すようになり、それが近年ではパソコンとにらめっこをして書類を作るようになったというわけです。労働は、農業から工業に移り、それがさらに知的作業に移行し、それがさらにこれまで「消費」だったものまで労働のなかに取り込んでいます。

農業が産業のメインだった時代は、「労働者」＝「消費者」でした。自分が作ったものを食べ、あるいは自分で作ったものを利用することが一般的だったからです。その後、「労働者」と「消費者」が分離されました。工場で働く「労働者」の立場と、そこから生み出される商品を購入する「消費者」は別物として扱われるようになったからです。そのあと、逆転経済の社会では、もはや「労働者」と「消費者」がまるで農業社会のように、しかし異なった一致を見始めています。「生産」も労働、「消費」も労働という、やや異なった一致です。

商品価格が変動費に近づくと、固定費分の人件費は回収できません。すると人件費は払うことができず、企業は価値以下の給料で満足する人、あるいはお金を払って働いてくれる人を求めます。ほんとうは単にお金を払うことができない企業も、この逆転経済のなかでは、労働者に「やりがい」や「夢」「献身」などというフレーズを使うことが常套です。要するに満足なお金を支払えない代わりに、それ以外の満足度を高めようとすることに特徴があります。

しかし、それが進むとお金のない労働者たちは、さらにお金を使わなくなるしかありません。ひたすら節約したり、これまで有償だったサービスを無料で求め始めたりします。

お金がない、お金を使わない、お金を払うときも激安か、あるいは代償をもらって「消費」という労働をする。それがさらに逆転経済を加速させるでしょう。現在の局面で、それは「デフレ」と呼ばれています。

しかし、さらにその先では労働者は自分の年収が減る代わりに、減った以上に商品やサービスを安く享受できるという時代が到来するはずです。収入が減っても、「2ちゃんねる」や「Twitter」「YouTube」を見ていれば愉《たの》しい、という時代はこれまであり得ませんでした。いまではインターネット接続料だけで、世界各地のコンテンツを愉しむことができます。

それはデジタルコンテンツだけではなく、実体経済にも及ぶでしょう。多くの人は年収が減ったことに目を向けますが、その半面、格安で享受できるようになった内容についてはあまり触れません。

企業利益が出ず、労働者の収入が減る時代でも、それほどの便益がある。

赤字の功罪の「罪」はデフレのような悪をもたらしたあとに、次なる経済構造を作ろうとしているのです。

第3章 無料ビジネスと赤字ビジネス

製造業・イズ・オーバー

「It's over.（もう終わった）」

隣の男性はそう語って肩をすぼめました。「Old-fashioned.（もう過去のことさ）」。彼がそういったときの鼻で笑ったかのような態度が、いまでも私にとっては印象的です。私がアメリカのサンディエゴで開催された学会に参加していたときのことでした。

私が参加していた学会とは、調達・購買・仕入れを対象とするものです。ほとんどの企業は外部からモノを調達しないことには製品を作ることはできず、サービスをお客に提供できません。たとえば企業の売上高を100とすると、そのうち50〜80くらいを外部から調達してくるコストが占めます。特にアウトソーシング化が進んできた昨今では、外部への支出を抑制することは、そのまま自社の利益向上につながります。それは私が得意とする製造業だけではなく、医薬・建設・サービス、またはITなどの業界も例外ではありません。

ただし、日本では「調達・購買・仕入れ」といえば、モノを買って組み立てて売る、製造業をイメージするのが一般的です。私も、製造業における「調達・購買・仕入れ」の先端知識を求めに学会にやってきていました。しかし、参加した企業のリストを見てみると、製造業などほとんどありません。また、学会で取り上げられるトピックも、多くがＩＴやサービスに関わるものでした。まるで、それだけがアメリカの産業であるかのように。

学会発表の合間に、あるアメリカ人と一緒の席になったので、私は「How about automobile industry? There are no people belonging to it.（自動車産業はどうなの？　参加者をまったく見かけないけど）」と訊《き》いてみました。すると、コンサルタントだという彼の答えは、「It's over.（もう終わった）」、「Old-fashioned.（もう過去のことさ）」というもの。

もちろん、それはたった一人の参加者の発言です。とはいえ、参加企業の一覧を見ても、国として自動車産業を救い守ろうとする意思は感じられませんでした。むしろ、放置している印象すらあったのです。その答えを聞いて、私は「アメリカでは製造業が没落したのではない」と思いました。「アメリカが製造業を捨てたのだ」と。

アメリカは、フォードに代表される大量生産のものづくりを先導してきました。そして、金融業、情報産業に移り行き、ついには製造業を切り捨てるに至ったようです。

ＧＭ（ゼネラルモーターズ）が２００９年に発表した「３兆円の赤字」は象徴的でした。

1489億8000万ドルを売上げているのに、損失は308億6000万ドルにも上ったのです。前章で述べた、変動費ギリギリの販売を続けた結果、もはや固定費は回収できていない状況に追い込まれています。GMはその後、政府の支援を受けた新生GMとして経営を再開することになり、改善の兆しはあるものの、まだ黒字に転換するにはいたっていません。

GMについてどう思うか。私は、さきほどのコンサルタントに意見を聞いてみました。しかし、彼はあまり気にもとめていない様子。「大きい企業だから影響はあるだろう。政府は雇用を守るため、一時的に支援をするだろう」と。ただし、「長続きするとは思えない」。

そこで、彼はもう一度教えてくれました。

「It's over.（もう終わった）」

1円ですばらしい空の旅を

製造業の終わりを教えられることになる数週間前。

学会旅行の飛行機チケットを探していた私に、一つのニュースが飛び込んできました。

アメリカのスピリット航空が1セントの格安航空券を発表していたことです。たったの1セントですから、約1円。アメリカに行くことになっていた私にとって、それは魅力的に映りました。

しかし気になったのは、日本で報じられた内容では、「燃料代と税金を除いて1セント」となっていたことです。では、結局のところいくらで旅行できるのか。英語のホームページに移動し確かめることにしました。

そこで一例として書かれていたのは、デトロイトからラスベガスまでのフライトです。すると、さまざまな追加費用が必要であることがわかりました。

チケット：1セント
機内持ち込み手荷物：45ドル
燃料費：54・22ドル
税金、その他：18・7ドル
合計：117・93ドル

というわけです。正直、「なんだこりゃ」という思いを否めませんでした。たしかに、それでも安価であることには間違いありません。しかし、手荷物に45ドルを支払わねばならないのです。機内に何も荷物を持ち込まない、ということはほとんどの場合あり得ません。また、45ドルというのは搭乗ゲートで支払う場合で、マイレージ会員の場合は割安になるなど、さまざまです。ただ、宣伝として謳《うた》われた「1セント」と「117ドル」とのあまりの乖離《かいり》に、私は落胆してしまいました。

ただ、このような追加課金のシステムは、このスピリット航空だけではありません。たとえば、アイルランドにライアンエアという会社があります。同社も、かつては0・01ポンドという格安航空券を発表し世間を騒がせたこともありました。いまでも、リバプール発の激安航空券がホームページに躍っています。また、付随する旅行サービスも販売しており、「CHEAP CAR HIRE」「CHEAP HOTELS」と「CHEAP（＝激安、安っぽいこと）」を連発する姿は、見事といってよいかもしれません。

ただ、同社は格安航空券を販売する代わりに、スピリット航空と同じくさまざまなものを課金対象にしています。手荷物預かりに課金していますし、機内では食事やドリンクも有料です。このライアンエアは、この追加料金が複雑すぎて、「支払う瞬間まで、いくらになっているのかわからない」といわれています。

料金は変動しているので、一概にいうことはできませんが、同社のホームページによると、乳幼児追加料金やら、荷物の重さ料金やら、ピーク時の7月と8月の混雑料金やら、楽器追加料金やらさまざまなものがあります。私の知人は、航空券の料金が最終的には3倍ほどに膨れ上がったといっていました。

昨今流行している「LCC」という言葉は「ローコストキャリア（＝格安航空会社）」を指したものです。彼らは、航空券を安価に設定する代わりに、それ以外のサービスを有料で提供しています。

安い航空券だけを買って、追加サービスなんていらない、という人もいるでしょう。しかし、実際に搭乗するとなれば、ビールを飲みたいと思ったり、食事をしたいと思ったり、毛布がほしいと思ったりするはずです。それらをすべて有料で提供することで、なんとか全体の利益を確保しようとする試みと解釈できます。以前、ライアンエアは激安航空券を提供する代わりに、「燃料代を最小化するために、トイレを有料化する（そうすれば、乗客が搭乗前にトイレに行って、その分軽くなるだろうから）」と発表したことがありました。その後この発表は、多くの批判にさらされて取り消され、同社一流の「ジョーク」だということになっています。しかし、私はこの「ジョーク」の裏に隠された意図を思わずにはいられませんでした。

なお、日本のANAでも、この追加課金の類似例があります。追加料金を支払えば、普通席のお客でもプレミアムクラスの食事を愉しむことができるというものです。料金は1800円（2010年6月現在）となっているので、高いか安いかは評価がわかれるところでしょう。マイレージが貯まって、無料で搭乗している場合、この1800円くらいなら支払ってもいい。ここでも、「どうせなら」と追加サービスをお願いしてしまう心理を利用しているのです。

ローコストキャリアの工夫

ところで最近、日本にもLCC（ローコストキャリア）の波が押し寄せています。中国の春秋航空が、茨城から上海までの片道を4000円で発売したことは記憶に新しいはずです（曜日によっては成田発着）。一便あたりたったの18席のみという特別価格だったり、かつ茨城までの利便性がよくなかったりしたとはいえ、この価格はたしかに衝撃をもたらしました。

あるいは、マレーシアのエアアジアエックス。同社は、クアラルンプールと羽田を結ぶ片道5000円の便を発表しました。ただ、この5000円もまた、特別価格であり、加えて5000円のなかには空港税等の3000円が含まれていません。

私はこの点だけに注目して「だからLCCは見た目の金額の安さだけを売り物にしている」とはいいません。空港税等を考慮しても、この2社が安価であることは間違いないからです。考えてみるに、日本人の高い給料をコストとして乗せざるを得ない日系航空会社と、アジア勢の比較的安価な労働力を背景にする航空会社と比べたら、どちらが安く航空券を提供できるかがわかります。ちなみに、私は出演した某テレビ番組で「春秋航空の最高責任者の年間報酬は1000万円以下だ」と聞かされました。この点については真偽がわからないために断言はしません。ただ、労働コストを抑えて航空券を提供しているLCCの象徴のように感じました。

また、これらアジア勢のLCCに搭乗した人の感想も「それほど悪くはなかった」と、評判が悪いものではありません。固有名詞は省きますが、私がかつて搭乗した際の劣悪な状況（客室乗務員が機内食のパンを投げて渡し、英語も話せず、しかもフライトが3時間も遅延した）からはだいぶ改善されています。これも、競争社会が品質を向上させる例でしょう。

ただ、指摘しておきたいのは、この2社であっても追加サービスによってお客からお金をとることは忘れていないということです。春秋航空の茨城―上海間の旅客券を販売するページには、「機内食、お飲み物（有料）」と記載があり、チョコレート600円をはじめとしてメニューの紹介があります。また、手荷物についても制限があり、「機内持込み手荷物を含め合計15kg」とされ、超過した分は「1kg当り、ノーマル　エコノミーチケット全額の1・5％をお支払いいただきます」とのことです（2010年10月現在）。また、エアアジアエックスのホームページにも詳細な追加コストについての記載があります。

私はこれらLCCを否定するものではありません。ただし、格安で飛びついてきたお客に、単に格安の航空券を販売するだけではなく、さまざまな追加費用を支払わせる「工夫」がなされていることは注意しておいてもよいでしょう。

0円 iPhone と料金プランの複雑さ

最近のベストヒット商品を思い浮かべるとしたら、iPhone ではないでしょうか。メールチェック、ネット閲覧、Twitter にスケジュール管理……、それらが一つの端末に集約されました。いまではビジネスマンであっても、外出先にはパソコンは不要で、iPhone さえあれば大丈夫という人も少なくありません。私も iPhone を持ってから、パソコンを持ち出す機会はめっきり減りました。

いまでは iPhone を持たない生活が想像できないというくらいに、iPhone は人々のライフスタイルを変化させたといえるでしょう。メールチェック中毒と Twitter 中毒も、この革命的なツール抜きには語れません。

さて、山火事のように人々に広がった iPhone ですが、日本ではソフトバンクの「0円戦略」が功を奏しました。「iPhone が0円」というイメージは、多くのお客をつかむ結果となりました。

たとえば最新の iPhone4 の16GBですと、機種代金は4万6080円ですから、これを通常の機種のように2年間で分割支払いしようとすると、1920円（＝4万6080円÷24）が毎月かかります。この1920円が割引という形で還元されるというわけです。だから「実質」は0円になります。

この機種代金が単純に無料になればわかりやすい。ただ、このためには、「パケットし放題フラット（メールやウェブが定額になるサービス）」（4410円）と「S！ベーシックパック(i)（メールやウェブ閲覧のためのサービス）」（315円）に加入することが求められます。そして、それに「ホワイトプラン(i)（一定時間帯であればソフトバンク携帯同士の通話が無料になるサービス）」（９８０円）も足すと、それだけで５７０５円にもなってしまいます。iPhone でまったく通話しない人はこの金額ですが、これから追加で通話料金がかかってきます。

また、16ＧＢのタイプを例にしたものの、32ＧＢのタイプでは機種代金は５万７６００円なので、２年間で分割払いすれば、２４００円（＝５万７６００円÷24）／月です。これで１９２０円の割引を受けても、機種代金は０円にはなりません。「iPhone が０円」とは、端末価格のみが、しかも16ＧＢ専用のものが、かつあくまで「実質０円」というわけです。

またさらにややこしいことに、これは「バリュープログラム(i)」適用のときで、もう一つの「標準プライスプラン」適用時はやや異なります。後者の場合は、「パケットし放題フラット」ではなく、「パケットし放題 for スマートフォン」というものに加入し……。

やめておきましょう。それくらい複雑であることを申し上げたかったにすぎません。

私はソフトバンク系の固定電話・携帯端末販売会社の人たちと話したことがあるのですが、営業マンがもっとも難しいのは自社の各種サービス価格と割引を覚えることだといっていました。それだけ複雑だということです。しかも、日々新たなサービスが出ています。

少し前にメディアに頼まれて、私は各携帯電話会社の料金プランを比較しました。携帯電話会社の人からは異論があるでしょうけれど、そこで出た結論は「細部の違いはあれど、どの携帯電話会社を選択しても、大差はない」というものでした。各社は「家族間通話はタダ」「同じ携帯電話会社間なら無料」などのサービスを打ち出しています。しかし、携帯電話の料金プランは非常にわかりにくく設定されているので、多くの人たちは結局のところイメージで携帯電話会社や携帯電話機を選択しているはずです。その意味でも、ソフトバンクが「iPhoneが0円」とイメージを優先させたことは私にとって象徴的でした。

私が保有しているのは、iPhoneとiPad、そしてもう一台のソフトバンク携帯です。iPhoneとiPadを持つ前に、通信費として支払っていたのは、固定電話と携帯電話、プロバイダー料金とモバイルWiFiの4つでした。それに現在ではiPhoneとiPadが加わりましたので、合計で6つもの通信料金が生じています。

私は、iPhoneの月額料金が高いといいたいわけではありません。むしろ、あの快適さと便利さからすると安いといっても良いくらいです。ただ、「iPhoneが0円」というイメージに籠絡されて購入を決定したのも事実でした。機種代金は0円と喧伝することで人々を惹きつける。だけどその他の費用を次々に加算することで月々の料金はかなり高いものにしてしまう。これは0円ビジネスやフリー商売の変奏曲だといってもよいでしょう。

0円Skypeの利益源

iPhoneと同じではありませんが、Skype（スカイプ）がもたらした衝撃についてもあらためて述べておきましょう。いまさら説明するまでもないほど有名になったSkypeは、全世界の個人をつなぐ通話ツールです。Skype間であれば、インターネット回線を利用して完全に無料で会話を愉しむことができます。私も国内外の相手とSkypeを利用したことがあります。音声はきわめてクリアで何の支障もありませんでした。また、文字によるチャットもできるため、通常の国際電話よりも便利ではないかと思うほどです。

かつては個人利用がさかんだったこのSkypeも現在ではビジネスでも利用されています。知り合いの編集者も「アメリカに住んでいる著者との本づくりは、Skypeがないと考えられない」というほどです。

利用法は簡単です。同社のホームページからソフトをダウンロードするだけ。あとはユーザーを検索して設定してしまえば、すぐに通話が愉しめます。同時に登録したユーザーが現在ログインしているかを教えてくれる機能もあるので便利です。

さて、このSkypeはどうやって儲けているのでしょうか。もちろんタダ利用する人たちだけでは儲かりません。Skypeの儲けは、有料サービスを使ってくれるユーザーによって生じます。というのも、Skype間であれば無料の通話も、固定電話先であれば料金が発生するのです。Skypeは発信先の国によって、あるいはタイプによってさまざまな料金体系を準備しています。月額プランもありますし、先支払い形式もあり、かなり多様です。ただ一例でいえば、月額プランでアメリカ合衆国の固定電話にかける場合は130円／60分とかなり格安に設定されています（2010年11月現在）。

ちなみにSkypeのホームページにある「FAQ」には「Skypeはどのように収益をあげているのですか?」という質問が丁寧に取り上げられています。ここでの同社の説明は、私が述べたとおり、固定電話と携帯電話に発信する際の有料サービスが利益源になっているということです。

ところでSkypeをダウンロードして驚くのが、パソコンの画面の変化です。どういうことかというと、パソコンの画面に見慣れないボタンが出てきます。メールのやりとりをするとき、あるいは企業のホームページを見るときに、電話番号が載っていることがありますよね。Skypeをインストールしたあとは、その電話番号の箇所がマーキングされ、電話ボタンマークが登場します。これは何だろうとクリックすると、Skypeのアプリケーションに連動し、Skypeから電話をかけることができるようになります。

パソコンが仕事から切り離せなくなった私たちに、Skype経由で電話をさせるような仕組みです。Skypeは無料ユーザーだけでは収益をあげることができない、とは同社の説明のとおり。だから、少しでも有料使用してもらうよう、同社は私たちに仕向けているわけです。これは同社への批判ではありません。Skypeの便利さは強調して良いレベルにあります。

ただ、ここにもまずは「0円」で引きつけたあとに、有料サービスになだれ込ませようとするしたたかな戦略があるのです。

見た目1円、実質∞

本章の冒頭でGMの凋落《ちょうらく》について述べました。アメリカの自動車産業の没落は、SUV（スポーツ・ユーティリティ・ヴィークル）への偏りがあったといわれています。SUVは本体価格が高く、燃費も悪いために不況時にはなかなか売れなかった、という説明です。それに対して、同時期にシェアを伸ばした韓国車はセダン中心のラインナップでした。セダンは車両標準価格が安く設定されています。ただ、自動車を購入するときにさまざまなオプションを付けることが通常です。車両価格の1・3倍ほどになることは珍しくありません。セダンを購入しても、オプションしだいではSUV並みの価格になってしまうこともあります。

もちろん、それだけが原因ではないものの、苦しい状況が続くアメリカ市場における自動車メーカーでも明暗をわけたのが、見た目の標準価格であったことは示唆的です。また、標準価格は赤字の値づけをするところもあります。

「どうせ本体だけでは利益はとれないから、赤字価格にしてでも客の目を引け」――。

第2章で私は赤字販売をしがちな業界を説明しました。たとえば、航空会社。固定費の比率が必然的に高い会社は、売れても売れなくてもコストがかかってしまうので、航空券を割引きしがちであり、ポイントを乱発しがちであることを述べました。

第1章で説明した、さまざまな赤字分類を思い出してください。赤字には「ウソの赤字」「規定利益からの赤字」「真性赤字」「ビジネスモデルの赤字」があると述べました。航空会社は、PEXのような割引航空券を自ら発行し出しましたから、一つひとつの航空券を見れば「規定利益からの赤字」もあります。いままでは正規料金で搭乗している人などほとんどいません。また、マイルをたくさん発行することによって、それを貯めてタダで搭乗するお客がたくさんいるので「真性赤字」にもなります。

しかし、そうかもしれないけれど、その航空会社のマイルを貯めるために正規料金でも自社を選択してくれるリピーターを育成しているわけです。一つのフライトを見たら赤字かもしれない。ただ、長くお客になってくれることで、中長期的に利益をあげようとしています。

ただ、問題がないわけではありません。このモデルでは、お客からマイルやポイントを貯める対象に選んでもらわねばならないことです。中長期的に利益を稼ぐためには、長期間にわたってお客と触れ合い、商品を選び続けてもらうことが必要になります。しかし、いまではポイントは乱立しており、どのカードを選んでよいかもわからない状況です。それで思いどおりにお客がリピーターになってくれず、「ビジネスモデルの赤字」に陥っています。

ここまできて、スピリット航空やライアンエアの戦略をふたたび見てみましょう。これらの航空会社の戦略は、固定費型企業の値引きを極端に推し進めていったと読み解くことができます。「お客が乗っても乗らなくても会社全体のコストは変わらないんだから、どうせなら1円で売ってしまえ」という割り切りにも似た戦略です。

ただ、この戦略にはもう一つの工夫もあります。それは、見てきたとおり、お客に「追加サービス」にお金を払ってもらおうというものです。見た目の金額は1円にしている。だから、それに飛びつく人がいる。でも、実際にサービスを享受しようとすると、それ以外のコストがかかりますよ、というシステムです。

モノを売ろうとしても売れない。ならばお客には徹底した割引価格を見せろ。それが私の見た「1セントの格安航空券」につながっていきました。

そこで、この1セント、あるいは1円の価格設定から、もう一歩進んで考えてみます。この考え方がさらに先鋭化したらどうなるでしょうか。

それは価格を1円以下にしてしまうことです。つまり商品価格は「無料」。商品を「販売」するのではなく、むしろ「使用」してもらうことに特化するのです。「これからはフリー（無料）だ」「何もかもがフリー（無料）になっていく」。そのような合唱が聞こえてきました。

売れなくなってしまった商品やサービスを、いかにせめて「使ってもらえる」ようにしていくか。アメリカが出した答えが、「フリー（無料）にすること」だったのは、私には大変示唆的に思えるのです。

固定費しかかからない商品は0円に

少しおさらいです。前章まで、固定費と変動費という話をしました。企業活動には、固定費（「販売や生産の多寡にかかわらずかかるコスト」）と変動費（「販売や生産の多寡によって比例的にかかってくるコスト」）がかかり、それを売上高から引いたものが利益として残ります。

そして、一つの商品についても同じでした。商品は、固定費と変動費分のコストと、それに上乗せする利益が加算され価格となります。企業は商品一つひとつを販売することで、企業全体の固定費と変動費を回収し、利益を生み出します。

これまでの常識では、「固定費型企業」と「変動費型企業」とにわけられるとされていました。重厚長大な日本的製造業は前者で、SOHOのようなビジネスは後者です。固定費型企業は、多くの設備投資が必要な代わりに、変動費率が下がります。しっかりとした設備を買えば製品一つあたりにかかる追加コスト（変動費）が下がるからです。損益分岐点は高くなる一方、それを突破した以降は利益が伸びます。変動費型企業は固定費がほとんどかかりません。小さなビジネスをやっている人はたくさんいますが、コストは家賃と通信費、そして自分自身の給料くらいです。ただしその代わりに、小さな規模で行うには限界がありますから、変動費率は高くなります。損益分岐点は低いものの、それを突破しても、利益は固定費型企業に比べるとあまり伸びません。

そして理想は、固定費もさほどかからず、しかも変動費率が低い企業です。これならば損益分岐点も突破することが容易で、かつ利益はどんどん伸びていきます。

そして同時に私は、固定費型の企業を取り上げて、固定費がたくさんかかり変動費があまりかからない企業は、割引きしたりポイントを発行したりしやすくなることを説明しました。変動費は回収せねばなりませんが、固定費は売れなくてもかかりますから、まったく売れないよりは少しでも回収したいという意図が働くからです。この例として私は航空会社をあげました。固定費（旅客機・人件費等）が大きく、変動費が小さな業界です。

さて、この考えが極端に価格に反映する商品はどのようなものでしょうか。つまり、固定費だけがかかり、変動費がほぼかからない商品です。

すぐ思い浮かぶのがソフト類でしょう。変動費がほとんどかからない、とは商品を1個販売しても100万個販売しても、ほとんどコストが変わらないということです。あなた

固定費型企業と変動費型企業とその理想型

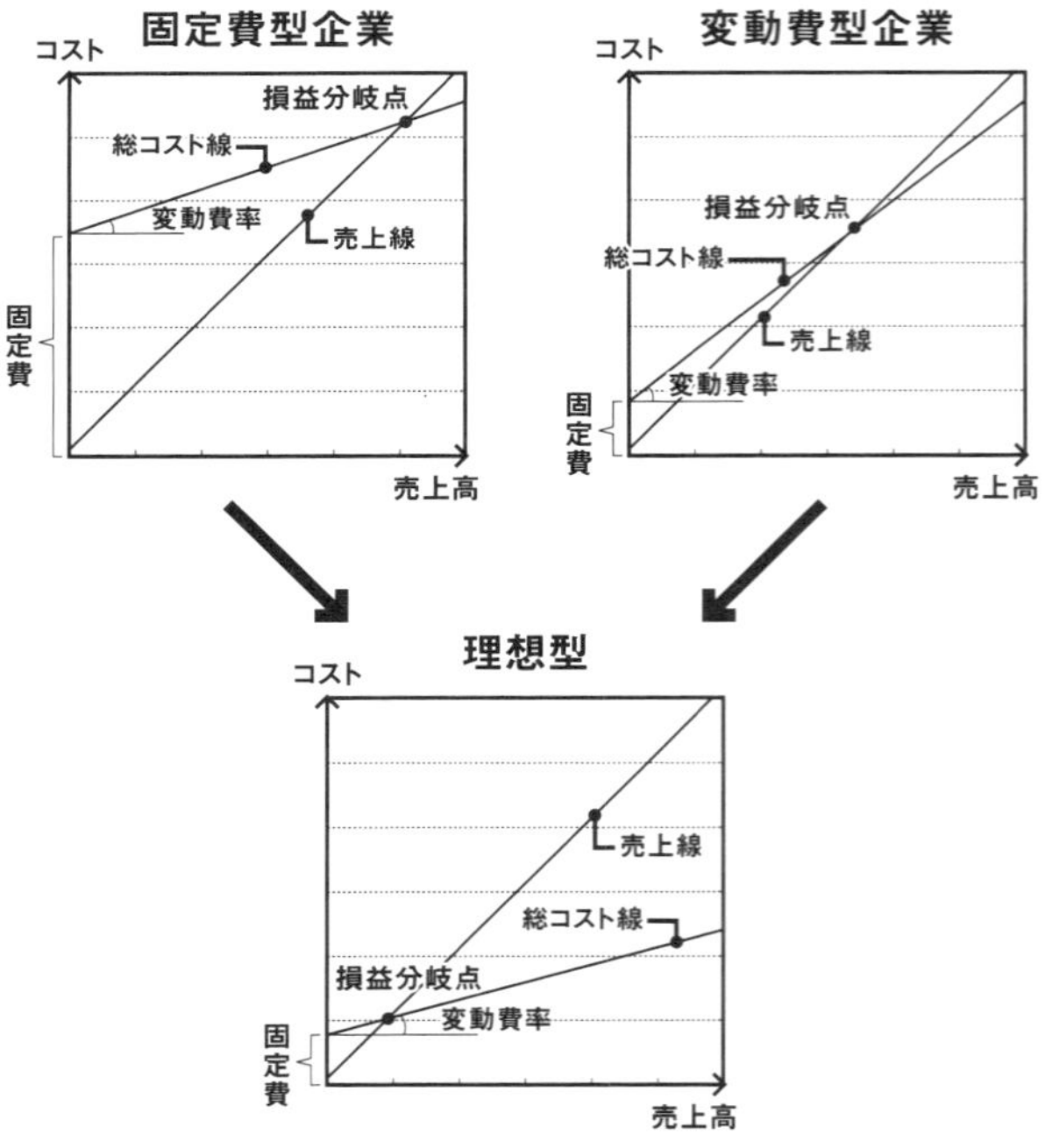

がパソコン向けのソフトを開発したとします。それを1個販売するのと、100万個販売するのとでは、どれほどコストが変わるでしょうか。お客にはインターネットでダウンロードしてもらうとしたら、ほとんど変わらないはずです。

これは「追加コスト」という言葉でも表現されます。もう一個「追加」するときにどれだけコストがかかるか。ソフトであれば、追加コストはほぼかかりません。家電量販店では豪華なパッケージでソフトが販売されていることがあります。包装されているので気づきにくいものの、それらのコスト（CDを焼く、説明書をつける、梱包する）も数十円にすぎません。

2009年にヒットした書籍『フリー』（日本放送出版協会）で描かれたのは、このようなIT商品がすべてゼロ円になる世界でした。著者のクリス・アンダーソンは、この追加コストがゼロに近い商品は、いずれ価格がゼロ円になっていくと予見したのです。パッケージについても、ダウンロード販売であればコストはかかりません。たとえばGoogleはメールだろうが、表計算だろうが、スケジューリングソフトも、アクセス解析も、本の閲覧も、何もかもを無料で提供しています。また、Evernoteという企業は、自分があとで読みたいウェブコンテンツを無料で保存し続けてくれますし、SugarSyncというところはなんと2Gまでのファイルを保存可能なサーバー容量を無料提供してくれます。しかも、このSugarSyncは複数のパソコンを同期してくれるので、大変便利です。同期とは、たとえば会社のパソコンであるファイルを変更すれば、自宅のパソコンの同じファイルを自動的に変更してくれることを指します。これまで、会社と自宅で同じファイルを保有しようとすれば、会社から自宅にメールを送る等の面倒な作業が必要でした。SugarSyncを使えば、こんな手間はかかりません。しかも、こういうツールが無料なのです。いまではたくさんの同種ツール（Dropbox等）が出ています。また追加コストがゼロになる商品として思いつくのが楽曲です。以前はCDを買って、あるいはCDを借りて、それをテープに落として愉しむことが一般的でした。そんな状況をインターネットが一変させた感があります。2001年ごろから広がった「Napster」というサービスは、楽曲はタダという概念を広げました。そもそもファイルの共有を目的としていたこの「Napster」で、各ユーザーがパソコンのなかに保存していたmp3形式の楽曲ファイルを共有しだしたのです。デジタル形式で保存されたもので、世界中のみんなと共有しやすいものといえば、やっぱり音楽ファイルですよね。

ユーザーは次々と自ら保存している曲をサイバースペース上にアップロードし始めまし

た。自分が持っている曲を、世界の誰かに無料で提供してあげる。曲はコピーされてもコピーされても元が減るわけではありません。むしろ、コピーさせてあげれば喜ばれることだってあります。当初はアーティスト側もユーザー間の楽曲共有を規制しようとしていました。しかし、一度門戸の開かれた共有文化を止めることはなかなかできません。

いまではSNSの「MySpace」でアーティストが自ら新曲を無料で公開しています。私もガンズ・アンド・ローゼズというアーティストの新譜『チャイニーズ・デモクラシー』を全曲無料でダウンロードしました。その他、現在ではさまざまなアーティストたちが自らの楽曲を無料で完全公開しています。

これは別にプロアーティストに限った話ではありません。いまでは、プロ志願のアマチュアアーティストたちも、自分たちのホームページに楽曲を載せておくことが一般的になりました。有名なところで説明すると「mF247」というページでは、「ニコニコ動画」にリンクを貼って、さまざまなアーティストたちの楽曲を無料公開しています。また、現在ではそのようにちゃんと録音しない段階でも、たとえば部屋や路上で録音した楽曲映像を「YouTube」で公開し世界に配信するという試みも一般的です。特に「YouTube」では、過去にヒットした曲のPVがほとんどアップロードされていますから、それを見ているだけで一日の大半がつぶれてしまいます。私はずっと「YouTube」を見ながら親しい知人たちと酒を飲む会を続けているのですが、これほど便利な「肴《さかな》」もありません。

これではCDが売れない理由もわかります。もちろん音質はCDのほうが数段上でしょうが、フリーでも世界中のアーティストたちのすばらしい曲を愉しめるのですから。音質などさほど気にならなければ、明らかにタダで享受したほうがトクというわけです。

無料商品のカラクリ

⑪ITソフトや楽曲のような商品は固定費がほとんどで追加コストがかからないため、無料で提供できる。
⑫無料だから、つい使ってみようという人が多くなるため、同分野でさまざまなフリー（無料）商品が生まれた。

いつまでも無料と思うなよ

これまで有料だったものを無料で公開する。これにどんなメリットがあるのでしょうか。一見したところ、何もメリットがないように思います。1枚でも売れればお金が入ってくるのに、無料にしてしまっては、単に赤字幅を拡大させてしまうだけのことです。その例でいえば、アーティストは単にソンしているだけなのでしょうか。

『フリー』では、この疑問について、多くの実例とともに「ソンしてトクとる方法」があげられています。要するに、フリー文化の要諦は、商品をたとえ無料にしたとしても、それ以外で儲けることを志向することです。アーティストであれば、楽曲を無料にします。99％の人は、それを無料享受するだけかもしれません。しかし、1％の人であっても、アーティストを気に入ってくれて、ライブに来てくれればいいのです。そしてTシャツを買ってくれればなおいい。その1％の人たちは、それまでならば関心すら持ってくれなかったのですから。無料にすることで、これまで出会えなかった人たちを顧客に引き込むことができる。これが無料公開することのメリットでした。

100万人に無料ダウンロードされるとします。99万人はフリーであることに便乗するだけかもしれません。しかし、残り1万人がヘビーユーザーになってくれれば十分元が取れます。むしろ、フリー化は1万人を獲得する奇策と呼ぶこともできるわけです。実際、フリー化によりビジネスチャンスを広げた企業は少なくありません。

私があげた例を見てみましょう。Google はこれまで広告モデルとして知られていました。Gmail や検索結果などに連動して広告費をクライアントからもらう仕組みです。しかし、現在では Google Apps というサービスを始めました。このサービスでは、Google の高い技術力を認めた企業向けにさまざまなアプリケーションを提供しています。私もホームページの作成や、メールソフトなどはこのサービスを利用していますし、かなり便利です。通常の使用法であれば無料で十分ですが、私のように気に入った人は、お金を払ってアドバンスなサービスを享受できます。

Evernote も同様です。フリーでは月に40ＭＢしかアップロードできません。しかし、有料版では一月に５００ＭＢまでアップロードできます。私は有料版に加入し、電車に乗っているときに Evernote に保存した資料を見るようにしていますが、これまた便利です。さらに私は同期ソフトの Evernote の SugarSync の有料版にも加入しています。30ＧＢまでの容量をサーバー上に保存・共有してくれるので、機密文書以外はファイルの大半をアップロードしていますし、こうすればファイル紛失の恐れもありません。

これらは私の事例です。趣旨は、これらのアプリケーションの有効さではありません。いえることは、これらが最初から有料であれば試すことすらしなかったであろうということです。フリー（無料）だったからやってみた。そうすると便利だから有料版に加入してみた。すると、気づいたらアドバンスのサービスにお金を支払っていた。ある意味、彼らの戦略にまんまとはまったわけです。なるほど、私のような人間が数パーセントでもいてくれればビジネスとしては成立します。

つまり、これらは商品の一つひとつを販売することで固定費を回収する既存モデルとは異なり、特定のディープなお客からのみ固定費を回収するという新モデルだったのです。ならば追加コストがゼロになるITサービスは、いずれすべてがゼロ円になるだろう。ゼロ円で人々を惹きつけ、大半はお金を払ってくれなかったとしても、少数のマニアをつかめばお金を払ってもらえる。これが、(異論はあるでしょうが) 書籍『フリー』が述べた内容でした。

そしてこの固定費の回収方法こそが前章までのモデルとの違いです。さきほど、航空会社がまったくお客が乗らないよりはマシだからとPEXを販売して座席を埋める例を述べました。それは規定利益からの赤字かもしれないけれど、PEXを購入したお客は多少なりとも利益に貢献しています。それに対して、フリー (無料) のモデルでは完全に「タダ乗り」が許されているわけです。どんなに「タダ乗り客」が増えようとも、コストはかからない。有料版のお客だけが自分たちを黒字にしてくれればいい。こういう考え方です。

既存モデルとフリーモデルの固定費の割り振り

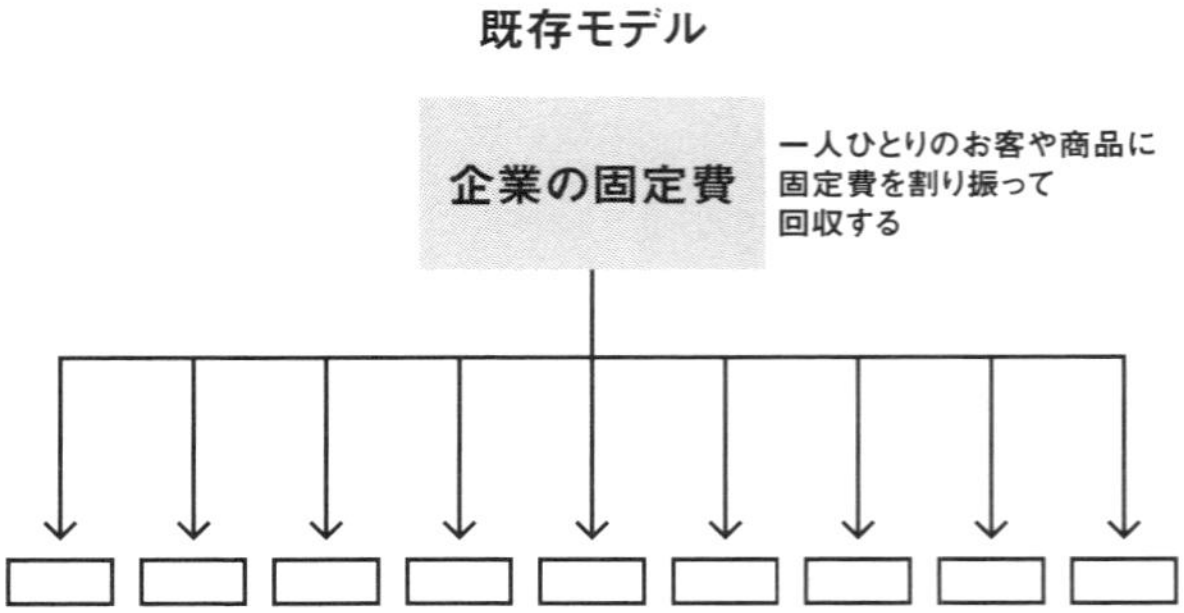
既存モデル
企業の固定費
一人ひとりのお客や商品に
固定費を割り振って
回収する

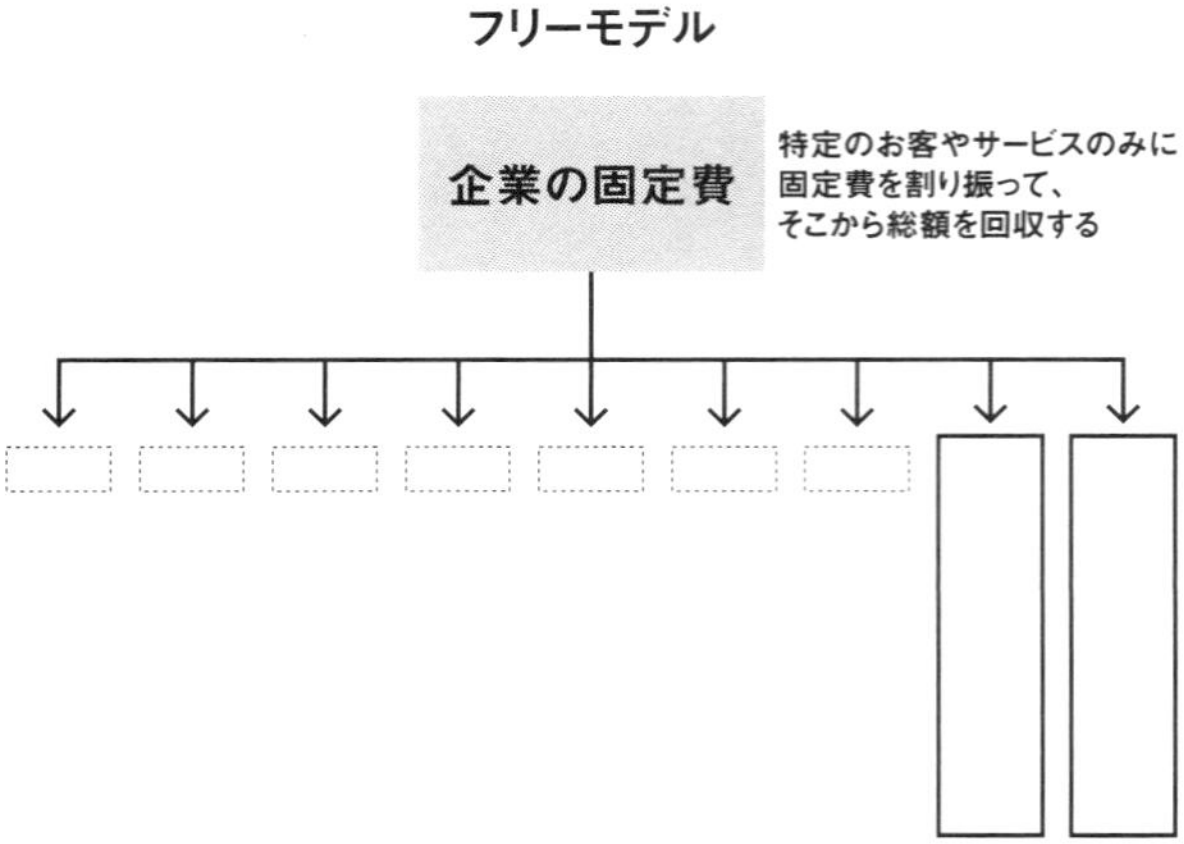
フリーモデル
企業の固定費
特定のお客やサービスのみに
固定費を割り振って、
そこから総額を回収する

ここから、さまざまな新フリー商品が考えられます。『フリー』で言及されたのはデジタル商品でした。しかしこの「フリー」は、さまざまな領域に伝染しています。というのも、追加コストがゼロではないにせよ、ゼロに近い商品はたくさんあるからです。たとえば、コーヒーを無料で配るモデル。コーヒーをタダにして、それ以外の商品を買ってもらうものです。客寄せとしてコーヒーを使っても、他の商品の利益で十分元が取れます。これはコーヒー1杯の原価が数円なので、配ってしまっても、売り手としてもほぼフリーだからです。

さらにそこから発展して、追加コストや変動費率がゼロではない商品もフリーにならないかと模索され始めました。たとえば冒頭で産業の崩壊を紹介した自動車業界がフリーで復活することはありうるでしょうか。

お客は自動車をフリーで手に入れる代わりに、広告がペイントされた自動車に乗らねばなりません。またキーを入れると、ステレオから企業の宣伝が5分間流れます。これを聞かないとエンジンをスタートさせることはできません。もちろん、内装は安っぽいものですが、フリーですから我慢すべきです。運転中もスポンサーCMが鳴り響き、それを聞かねばなりません。それがイヤであれば、CMもペイントもない有料版を……というビジネスモデルです。

あるいは住宅がタダになる場合はあるでしょうか。実際、「Free Rent（その後賃貸契約を結ぶ前提で、はじめの数カ月のみ賃貸料がタダのモデル）」はあります。しかし、完全に無料というモデルを考えてみます。すぐに思い浮かぶのは、空き部屋の有効活用です。住居人がいてもいなくても固定資産税はかかります。とすれば、大家は、地元の商店街と結託して、「ある一定額を必ず毎月商店街で買い物してくれるのであれば、賃貸料はタダでいい」ということはありうるでしょう。それは商店街活性化の手にもなります。また、その住宅にも毎日一定時刻になるとCMが鳴り響き、さらに無数のチラシが郵便受けに届き……というモデルです。

フリーという響きのよさもあったのだと思います。あれもこれも「すべてフリーへ」。そんな流れが加速していきました。

フリー（無料）商品のビジネスモデル

⑬フリー（無料）商品を試した人のなかで、アドバンスなサービスにお金を支払う人が出てくる。このお客によってフリービジネスは固定費を回収する。

⑭また、多くの人にフリー（無料）で使わせることで、広告宣伝を流しスポンサー収入で利益をあげるところもある。
⑮変動費がゼロではなくても、ゼロに近い商品では、類似のフリー（無料）商品が登場する可能性がある。

フリーモデルは万能か

自動車や住宅がタダというのは、思考実験に近いものがあります。ただ実際に、デジタル上で複製が可能なものはフリー化が進みました。産経新聞が iPhone 用の無料アプリを開始し、毎日新聞がウェブ上で記事を無料開放してからというもの、「新聞の情報はタダ」という認識を抱き始めた人は少なくありません。

新聞社とは、典型的な固定費型モデルです。音楽産業に近いものがあります。音楽産業がかつてそうだったように、新聞社はコンテンツを、固定費をたくさんかけて量産するモデルです。記事であれ楽曲であれ、コンテンツであることに違いはありません。

新聞を1部販売するのと100万部販売するのとでは、コストは変わりません（もちろん、販売店のコストは変化しますが）。年収1000万円の記者がいたとして、その人の記事を読んでくれている人が1人しかいないのであれば、読者1人あたりのコストは100万円÷1人＝100万円／人です。ただ、100万人いれば、1000万円÷1000万人＝10円／人にまで圧縮できます。逆にいえば、新聞記者にそれだけの高年収を保証できていたのは、その購読者数の多さにあります。購読者が多ければ、その割り算の分母が増えますからコストを分散できるわけです。

これまで新聞は「紙」というメディアを使うことでなんとか価値を保持できていました。ただ、それがデータに置き換わった瞬間に、多くの人にとって新聞の情報はタダであるべきものになりました。

このこと自体はフリーの波に乗った、というい方もできます。しかし、『フリー』では、フリー商品とは別に有料商品をセットにすることが成功するモデルの定石でした。では、新聞社も音楽産業と同じようなビジネスモデルを構築できるでしょうか？ CDに入っていた楽曲を無料提供して、それを気に入ってくれた数パーセントの人がコンサートにやってきて、チケット代を払い、Tシャツを買ってくれ、全体では潤うというモデルです。

各新聞社は、さまざまな道を模索しています。ウェブはフリーで、紙は有料。フリー記事で気に入ってくれた人は、紙の媒体を買ってくれというモデルです。また、ウェブの記事を一部開放しておき、その続きは有料というものもあります。あるいは、有料版では、より突っ込んだニュース記事が読める……等々です。

しかし、残念ながら、多くの論者が述べているように、この新聞社のモデルは上手くいっていません。成功している企業もありますが、大半の読者からすれば、「有料の記事や有料の紙媒体は不要だ」なのです。

私の周囲にも「新聞なんてとっていない」というビジネスマンはたくさんいます。ほとんどの情報がタダで手に入る時代、「Yahoo！ニュースで十分」という言葉に抗することはできません。「いち早く情報を得たかったら、検索エンジンのニュースを見ておけばいい」という人もいます。

新聞社にしてみれば、無料で情報を提供し、そこから潜在客を掘り起こしたかったところ、既存の有料紙購読ユーザーまでも離反させてしまう結果となっています。実際は、各新聞社によって提供している情報や思想は異なります。しかし、「産経・読売は右寄りで、毎日・朝日は左寄りだ」という話をしても、ほとんどの人は理解できません。せいぜい、「スポーツ紙と一般紙と経済紙がある」という違いを認識しているくらいです。彼らにとっては、右も左も同じで、新聞社の特色に価値を見出していません。どこが報じたものかはわからないけれど、検索エンジンで情報の概要だけ取れればいいという正直な発露が「新聞社の有料版モデルの墜落」を導くのは、ある意味当然だったといえるでしょう。つまり、読者が区別のつかないコモディティ（他商品と明確な差がないもの）と化した情報では、もうお金は取れないというわけです。

この新聞社の現状は、さまざまな示唆を与えてくれます。

・フリー経済は、商品を無料にして、その後にプレミアムなサービスを享受する人からお金をもらうモデルだった。そのため、サービスやＩＴなどの追加コストがゼロに近い商品のフリー化が加速した
・フリーモデルによってインターネットアプリケーションで特色をもったものは利益をあげ始めた。またアーティストの楽曲のように、一つひとつが違うものはフリー化によって、それをより味わいたい人たちから利益を確保できる可能性がある
・ただし、新聞社の情報のように、読者がコモディティと認識したものは、フリーになりっぱなしで利益を確保できない

というものです。つまり、フリーが万能ではなく、フリーが効く場合もあれば、効かない場合もあるという、凡庸でまっとうで、一見すると退屈な結論に結びつきます。なんでも無料にしてしまえば、その後にお金を取れるかというと、そんなに簡単なものではありません。

これは大手新聞社だけではなく、他にフリーモデルを始めた人にもあてはまります。現在、中小企業を含めてさまざまな企業がフリーモデルを始めました。情報や初期サービスを無料にして、その後に有料サービスで元を取るこのモデルは、残念ながら多くの事業主に失敗をもたらしています。

無料であっても「商品がよい」という前提が必要です。無料だからといっても、手抜きが許されるわけではありません。有料で不要なものは、無料だって必要ないのです。モデルだけを真似しても、それが上手くいくはずはない。それは当たり前のことでした。現在では多くの企業が、このフリー化に疑念を抱き始めています。本音は、「ほとんどの人が無料版を味わうだけで、その後はお客になってくれない」というものです。100万人の人を相手にできて、その数パーセントでもお客になってくれれば利益はあがるでしょう。たまたまそうできた企業は成功例として取り上げられます。でも、その他の99%の企業にとってみれば、無料化しただけソンしてしまった、という本音を持っているのです。

それにいままでは、まったくお客になるつもりもない人たちが多量にフリーを求めてインターネット上をさまよっています。たとえコストがかからないからといっても、この種の人たちがどんなに増えても売上げにはつながりません。私は楽曲のフリーモデル説明時に〈99万人はフリーであることに便乗するだけかもしれません。しかし、残り1万人がヘビーユーザーになってくれれば十分元が取れます〉と述べました。ただ、「1％どころか、0・01％もお客になってくれない」ということはもちろんあり得ます。その場合は当然、固定費を回収できず赤字になるだけです。他業界の赤字となんら変わるところはありません。

つまりフリーモデルでは、ビジネスモデルとして赤字に陥らないためには、最初の窓口がフリー（無料）であったとしても、結局は黒字にしてくれるお客の存在が不可欠だということです。また、分母が大きければそれなりにお金を払ってくれる人が出てくるでしょうが、あまりにフリー（無料）の概念が大きくなりすぎると、追加サービスにお金を払おうとする人も少なくなります。それは、その追加サービスすらも無料で提供する違う業者が登場するからです。

そのようなわけで、「大半のお客は赤字だが、少数の優良顧客によって黒字に転換する」というこのモデルは上手くいかない場合が多くなります。

「フリー」はほんとうに新しいのか

また、それと同時にフリーモデルというもの自体が、ほんとうに新しいのかという疑問があります。

最初にタダで商品を配って、それを気に入ってくれた人に商品を買ってもらう。それは、考えれば当然のことではないか。第1章で、〈パチンコ店はオープンから数日のあいだは出玉を増やして、来店者に「この店は儲かる」と思わせる〉と書きました。パチンコ店では、お客の出玉が多くなれば、お店からお客にお金が支払われます。だから、これはフリーではなく、むしろ赤字で客寄せする例です。しかし、それほどではなくても「無料でも、まずはお客に使ってもらう」ということ自体はもともとありふれています。

「無料お試し期間」を設定して化粧品を配るモデルがあります。再春館製薬所は「30代からの基礎化粧品。まずは無料サンプルから」として、「無料お試しセット」「無料試供薬」を渡すことが基本です。また、正確には無料ではありませんが、プロアクティブは60日間、オルビスは30日間を返金保証期間として設定しています。化粧品の材料費はゼロではありません。しかしこれができるのは、化粧品のコスト構造のうち、変動費（＝材料費）が非常に小さくフリーモデルに近いからです。

また、弁護士等の士業においても、「初回相談無料」という場合があります。士業のコストはほぼ固定費ですから、まずは無料でもいいので相談を受け付け、そこから気に入ってくれればお金を払って本格的なコンサルティングに移行してほしいというわけです。

それに忘れてはならないのは、デパートの地下食品売り場にある「試食」文化でしょう。他国にも日本のように試食できるところはありますが、一般的ではありません。衛生問題等があり海外ではあまり一般的ではないこの試食こそ、フリーモデルです。食品の原価は販売価格の3割程度だといわれています。500円の菓子詰めがあれば、原価は150円です。そのお菓子の欠片《かけら》を試食品として提供しても、コストは微々たるもの。ゼロに近い。それで気に入ってくれた人が数パーセントでも買ってくれればよい。つまり、フリーモデルは、実は日本のほうが先行していたのだということもできます。

フリーモデルは新しくなく、むしろ日本においては普通のことだったのではないか。フリーがデジタル商品に伝播したことで、それが新たな概念のように感じてしまっただけではないか。いや、むしろフリーモデルは本書が描いてきた「逆転経済」の輪のなかの一部にすぎないのではないか。そんなことすら感じてしまいます。

フリー(無料)モデルの落とし穴

⑯フリー（無料）だからといって質が問われないわけではない。質のよいものでなければ、アドバンスなサービスを申し込む人はいない。
⑰試食に見られるように、フリー（無料）商品自体が新しいわけではない。コモディティ（他商品との明確な差がないもの）とみなされたものは無料であれ有料であれお客は集まらない。

フリーモデルと逆転経済と希望と

では、この逆転経済の世界は忌むべき、望まれないものなのでしょうか。私の記述はやや悲観的な、あるいは悪夢のような社会を予見させるものだったかもしれません。「赤字は、すばらしい」とほんとうにいってよいものか。しかし、私はこの逆転経済の到来に、むしろ希望さえ抱いています。

どんな時代にも希望と夢を抱くことはできるはずです。
たとえそれが、これまで「希望」と「夢」とはいわれなかったものであっても。

第4章 新たな商品の到来

すべての商品を1円で買う方法

どんな商品でも1円で買える。

少し前に、そんな方法を思いつきました。前章では1円で買える航空券を紹介しましたが、結局は付帯サービスでお金をとられます。フリー商品といっても、それは主にITサービスに限定されたものです。そうではなく、実際の商品を1円で買うことはできないか――。それは調達・購買・仕入れに関わる私の課題でした。すると、あったのです。

「ものすごい方法を生み出してしまった」。理論的には、たしかに1円になる方法です。対象商品は家電量販店で売っているものだけ。それでも、すべてが1円になるのであればその方法に価値はあります。しかも、いまでは家電量販店では、さまざまなものを販売していますから、対象商品群も膨大です。

では、どんな方法か。

簡単なものです。よく家電量販店には「他店よりも1円でも高ければご相談ください」という張り紙があります。これは、販売機会を逃すくらいであれば、1円でも安くしてしまって売ったほうが全体の利益が伸びるからです。

家電量販店は、前章まで見てきたように固定費を削ります。価格とは、変動費（仕入れ値）に固定費と利益を足したものでした。利益と固定費を削っても、まったく売れないよりはマシですから、「1円でも安く」して販売します。

しかし、消費者としてここで止めておくのはもったいない。量販店Aが1万円を提示してくれたとしたら、それをもとに量販店Bに9800円を要求します。「他店よりも1円でも高ければご相談ください」ということですから、その量販店Bとの交渉結果をもとに、再び量販店Aに行けばよいわけです。そして、9600円になったとしたら、再び量販店Bに行きます。あるいは量販店Cも交えて、その交渉を執拗に繰り返していけば……。理論的には価格は「1円」にまで下がることになります。いまでは、ネットショップもありますから、比較対象はたくさんあるはずです。「他店」の情報ソースには困りません。

たしかに粘着質なしつこさは必要となるでしょう。しかし、やる気にさえなれば、家電量販店の商品が1円で買えるのです。これは実践しない手はありません。

その手法について家電量販店の取材時に訊いてみました。

「あり得ないだろ」だそうです。

まず一つめに、家電量販店が比較してくれるのは基本的に「他店の表示価格」であること。もちろん、交渉結果を伝えても多くの場合は検討してくれます。でも、交渉結果は証明不可能ですから、何度も何度も再検討することはできないというわけです。

二つめには、家電量販店の比較対象にはネットショップは入っていないということでした。「他店よりも1円でも高ければご相談ください」と掲げている店のチラシでも、多くの場合は小さな文字で注意書きがなされています。「インターネットショップは除外します」と。家電量販店が比較対象とする店は「おおむねお客が歩いて移動できる範囲」とのことでした。

もちろん、数度の交渉結果も考慮してくれることもありますし、インターネットショップの提示価格も交渉のネタにはなります。しかし、変動費（仕入れ値）を割り込むことは基本的にありませんし、あるいはメーカーからの補塡がない場合には、やはりそれ以上の値引きは難しい。

私の世紀の発見はあっけなく弊履と化してしまったわけです。

コスト削減のなかにいる労働者たちよ

ただし、だからといって私は家電量販店が高いといっているわけではありません。第1

章で見たとおり、家電量販店をはじめとする小売店を見てきた私からすると、1円でも安くしようとする努力が常に払われています。安くしないと売れない。でも、安く売ったとしても赤字にするわけにはいかない。「販管費」という名目で語られる営業費用については、ギリギリまで抑えられ、かつ改善活動が続けられているのです。

すべてを1円で買える方法について訊いたとき、「ただし、おっしゃるとおりで、たまにそんなお客さんもいるんですよ」といわれました。「もう1円でも安くしようと思って1時間ぐらい粘ったり、他店ともしつこく交渉したりね。まあ、ウチから買ってくれることは嬉しいですから、基本的にできるだけ安くはしますが」と。

安売りを掲げている以上は、そのような対応はやむを得ない側面もあるのでしょう。「安く！　さらに安く！」。これであれば、安さだけを求める人たちが殺到しても不思議ではありません。

安売りといってすぐに思いつくのは家電量販店とスーパーです。第1章で、家電量販店は、仕入れ値に2割程度の固定費を上乗せして販売していると説明しました。仕入れ7割＋販売費等の固定費2割＋利益1割というものです。スーパーでは、それが仕入れ8割＋販売費等の固定費1・5〜1・7割＋利益0・3割〜0・5割という感じになります。

家電量販店とスーパーのコスト構造の違い

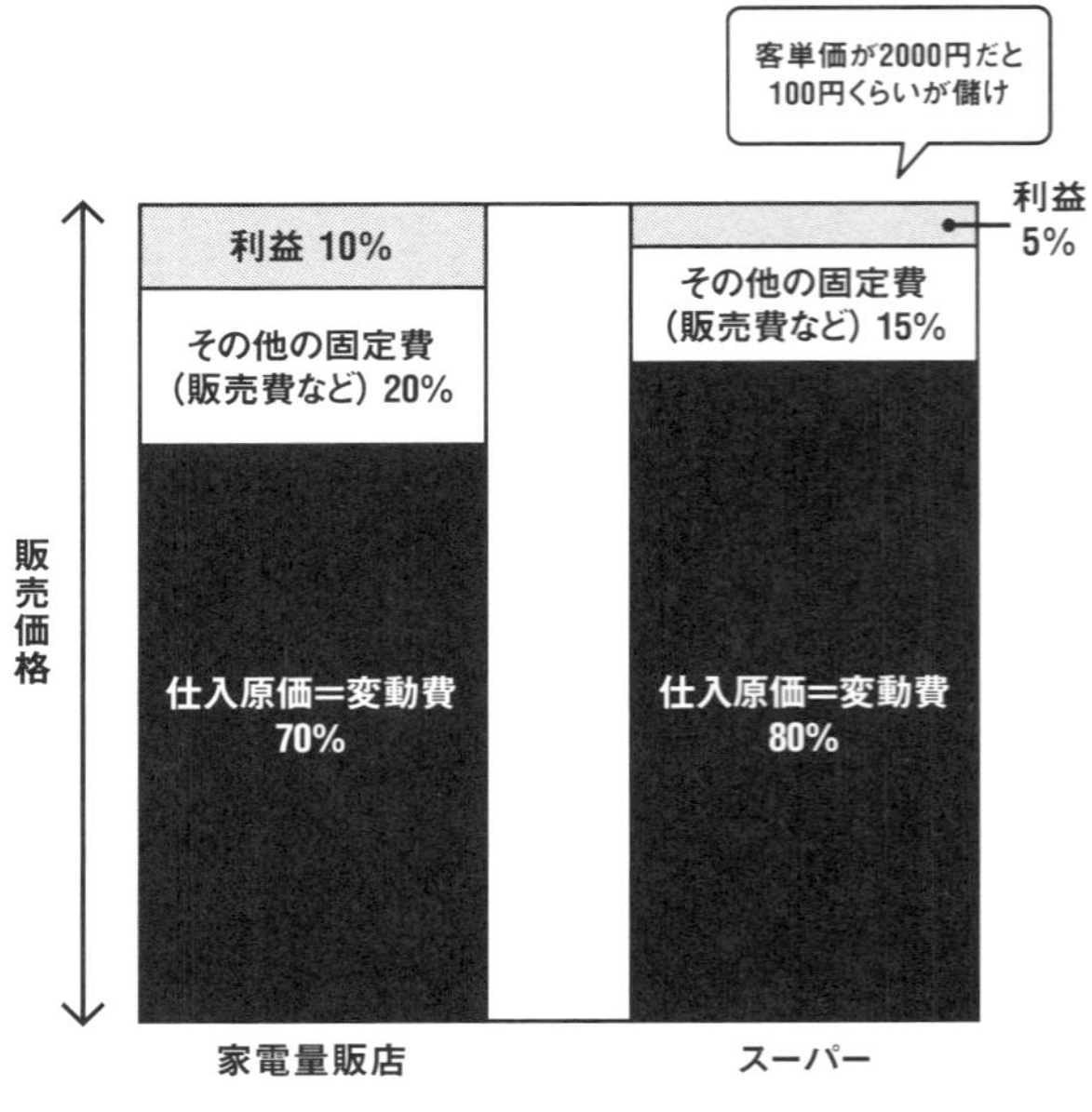

スーパーの客単価は2000〜3000円といわれていますから、お客一人あたり100円程度しか儲かりません。

スーパーは「1：7：2」の商品揃えといわれています。他店より安い1割の商品で主婦の目を引き、他店同等の7割のものを「ついで買い」させ、あわよくば他店より高い2割の商品を買ってもらうことで、全体でなんとかつじつまがあうモデルです。

しかしスーパーでは最近、目玉商品だけを買って帰る人に悩んでいます。消費者が賢く、かつお金をなかなか支払わないため、「1：7：2」の商品のうち「1」のものしか買わないというわけです。家電量販店でも、客寄せの特価品だけを買い集めている人がいます。消費者としては正しい選択なのでしょうが、店側からすると困ったお客です。商売がジリ貧になり、そのままでは赤字になるため、結局はそのしわ寄せが固定費の削減（＝従業員の給料カットや過重労働）につながっています。

最近では、試食だけで帰ってしまうお客が増えているそうです。もちろん、昔からそういう人はいました。その率が増えているというのです。赤字販売もその後の売上げ増につながらない。フリー商品も、その後のアドバンスなサービスを申し込んでくれない。といっても、その安売りやフリーを止めるわけにもいかない。それが負のスパイラルとして会社・店や労働者にのしかかっていきます。

そのような背景から、しかたがないことでしょうか――。

ある巨大チェーンの小売店取材に行ったとき、その光景が印象に残りました。店の裏口から取材のために応接室に通されたときのことです。そこにいたるまでに歩いた私の目に飛び込んできたのは、店員の多くが机にうなだれている姿でした。「みんな、ちょっと疲れていましてね」。そういう説明を受けたものの、「みんな無理しているのだな」という印象を拭うことはできませんでした。

「無理をしている」

おそらく、「疲れている」という説明は正しかったのだと私は思います。販売することに疲れている、お客にあわせることに疲れている、笑みを売ることに疲れている。そういうことだろうからです。

かつて新卒社員として就職したとき、新人研修のときの「笑顔の作り方」という講義を私は忘れることができません。「ほら、こういうふうに笑ってください」と女性講師が見せた笑顔が、あまりにも完璧なものだったので、私の違和感は増幅されてしまったのです。

「日々、さまざまな人に出会います」と彼女は説明を続けました。「どんな立場であれ、あなたという一人の人間が商品なのです」と。「笑顔も商品になり得ます」。なんとなくではあったものの、そこで私は「この社会では、笑うことすらも商品にしてしまうのだな」と思いました。

笑顔すら、誰かに強制されるものなのか。「売春」は体を売ることです。それに対して、「売笑」は精神を売り飛ばします。体を売るか、精神を売るか。私はこのことをずっと考えてきました。

雇用される労働は、このような特徴を持っています。

1 誰かの指示に従っている
2 やりたくないことをやらされている
3 しかしそれは、自己実現をする近道だといわれている

働くことで自己実現を、というフレーズを何度も聞いてきました。多くの人は実現したい自己など新入社員のときはないはずで、しかもそれが普通だと私は思います。そもそも自己実現という言葉自体に私は懐疑的なのですが、それにしても働くことを自分の夢と照

らし合わせて語られることの気持ち悪さをずっと抱いてきました。ここで再び奇妙な一致の話に戻ります。

私は第2章で「生産」も労働、「消費」も労働という、やや異なった一致について述べました。逆転経済の社会においては、消費者はお金がないために、商品を買わない。商品は憧れの対象ではなく、「買わされるもの」になる。その証拠に、毎日やってくるセールスメールや売り込みのFAX、ダイレクトメール等を見てください。「金を払え」「財布を開け」「申し込め」……。そのように語りかけていると、私には感じられます。まるで「消費」が「労働」であるかのように強制されているのです。

まさに「消費」が、雇用される労働の特徴として私があげたものと合致しています。

1 誰かの指示に従っている→広告主や売り手が勧めるものを買っている
2 やりたくないことをやらされている→その広告や売り手の勧誘に乗せられ、ほしくないものを買っている
3 しかしそれは、自己実現をする近道だといわれている→「これを買えば新たな自分になれる」といわれている

このような合致です。

働くのは当然「労働」でしょうが、消費も「労働」になっていく。労働をしても消費をしても、システムのなかで搾取されていく。マルクスは、資本家から搾取され籠絡される「労働」者を描きました。しかし、労働と対極にあったはずの消費すらも「労働」になってしまうとは。これは、まるでマルクス主義の変奏曲ではないか。

第1章で「どうやらここにきて高度に発展した資本主義経済は、お金の流れを逆転させたあとに、変形したマルクス主義をもたらしたようです」と書いたのは、このような意味でした。

赤字販売の行き着く果て

⑱赤字販売でもモノが売れない、またはフリー（無料）でもそのあとが続かない状況は労働者を疲れさせている。

⑲労働者は感情を管理され、消費者の感情を操作することでなんとか買わせようとする社会となる。

資本主義の行く末「逆転経済」

逆転経済における、「生産」と「消費」の一致。これはマルクスが考えた「資本家」と「労働者」の搾取関係と同じことでしょうか。

マルクスは、当時の社会構造から「雇う側の資本家」と「雇われる側の労働者」の二つを取り上げました。資本家は労働者が生産した成果物から、自己の利潤を加算して商品価格を決定します。労働者を搾取し常に低い賃金で働かせ、市井の消費者（＝労働者）に売って利益を掬《すく》いとるのです。

特定の資本家が悪いというわけではなく、その構造が持つ必然をこそ批判しました。資本主義社会においては、そのような搾取は当然の帰結であり、結果として労働者は疎外されるのです。マルクスは資本家と労働者たちがフラットになり、資本主義社会の「利潤」という考えから離れた共産主義を理想としました。

大学時代にマルクス＝エンゲルスの「共産党宣言」を読んだとき、私は最後の言葉「万国の労働者、団結せよ！」というフレーズに強烈な違和感を禁じ得ませんでした。

私は、なぜ自分が違和感を抱いたかを考え続けました。そこで出た答えは、以下のようなことです。マルクスが労働者と資本家という構図を作り出したとき、その言論は「労働者」にしか届かない必然があるということでした。いやむしろ、資本家と労働者が転換可能であれば、そのフレーズはそもそも成り立たないのではないか。「万国の労働者」と呼びかけるとき、それは、呼びかけられた側が「ずっと労働者でい続けること」を無意識に前提としているからです。マルクスはそこから「団結せよ」と決起を呼びかけました。しかし、ほんとうに資本家と労働者は転換不可能な身分制度でしょうか。

マルクスの時代と比べると、現在は労働者が資本家になることは難しくありません。独立支援金制度も充実していますし、一生を被雇用者として過ごすことに不満であれば、すぐに雇用者側に移ることもできます。もちろん、見えない階級差や世代間格差はあるでしょう。ただ、格差社会といっても、江戸時代と比べると、現在の日本は大変平等で格差のない社会といえます。

資本家と労働者という社会構造ではなく、私が注目しているのはむしろ、「消費」行為の変容です。現在では、これまで見てきたようにモノが売れません。そしてそれを通り越して、消費すらも労働になってしまいました。現在は革命運動ではなく、労働者がお金を使わないことを通じて、自ら現行のシステムを破壊しているということができるでしょう。

労働しても常にオーバーアチーブを求められる時代。それなら、お金なんて使うものかと消費自体を抑制し（もちろんそれがさらなるオーバーアチーブにつながるものの）、逆転経済を発生させ、現行の売買構造に変化を起こしているのです。マルクスの時代のように分配構造を変えようとするのではなく、経済構造の皮相をそのまま利用しつつ、それでいて一つの潮流を生み出しました。

その先にあるのは、たいしてお金ももらえないけれど、商品の価格は安く、かつ多くがタダで手に入るという世界です。

おそらくそれは労働者が疲れた果てに、笑みさえ管理された果てに、そして「利益」だけを求める姿勢に疲れた果てに、かといってかつての失敗作である共産主義に戻ることなく、辿《たど》りついた一つの結論なのです。

「黒字は、すばらしい」。これまではこのようにいわれていました。

どうやら私たちは、赤字戦略を俯瞰し、さまざまな業態を見たあとに、「そもそもなぜ黒字にしなければいけないのか」「そもそもなぜ儲けなければいけないのか」という疑問を考えざるを得なくなったようです。

答えることのできない質問

「なぜそんなに頑張らなければいけないのですか？」

講演を頼まれたとき、私は自分がいかに頑張っていまの立場を獲得してきたかをお話しします。片田舎で一人の調達・購買担当者だったときから、いかに考え行動してきたか、そして深夜まで仕事をしながら先端知識の勉強をしたこと。そして、いまでもハードワークを続けていること。依頼者からもそういう私の経験をからめて、聴衆のモチベーションを高めてほしいというリクエストがあります。

私の話が終わったあと。しかし、ある一定の割合でこのような質問があります。「大変感心しました。しかし、まだよくわからないのですが」と。「なぜそんなに頑張らなければいけないのですか？」

ああ、また私を困らせる質問だな、とつぶやきます。

別に頑張っているわけではない。これが愉しいからやっているのだ。という答えは、多くの場合は無効です。「そんなにいつも愉しいのですか」という再質問がやってきます。もちろん、答えは「愉しいときもあれば、愉しくないときもある」です。しかし、「それなら、現状維持でもいいのではないでしょうか」という感想に対して、私は有効な答えを持ち合わせていません。

おそらく、「娘がヘンな男性を連れてきたらどうしたらいいでしょうか」という質問に、それは似ています。質問の前提が間違っているからです。その娘がヘンな男性を連れてきてしまったら、もうどうしようもありません。唯一有効な答えは、「そのような男性を好きにならないように育てるしかありません」だからです。

その意味では、「なぜそんなに頑張らなければいけないのですか?」という質問をしないような社員を育てるしかありません。そもそものような質問を抱く時点で、モチベーションをもって自己改革に挑むことは大変難しいからです。

しかし、私はこの手の質問者を否定したいわけではありません。同時にこの「なぜそんなに頑張らなければいけないのですか?」という質問自体が、ある意味で新時代を表現するもののように私には感じられます。「なぜそんなに頑張らなければいけないのですか?」の質問者は、上昇志向を持ち合わせていません。なぜ頑張って稼がねばならないのか。もっといえば、経済成長や収入増加など不要ではないか。

いまのままで十分ではないか——。

もともと私は「なぜそんなに頑張らなければいけないのですか?」という質問を否定し

ていた人間です。「なぜ現状で満足しているのか」「なぜこれほど愉しいことがわからないのか」と怒りながら。しかし、そのような対応自体がそもそも私の自己説得であることに気づきました。

何かを否定したいとき、それは自分の感情の裏返しであることがほとんどです。「人の命は金で買えない」というとき、私たちは、ほんとうは「金さえあれば高度な医療を受けることができる」ことを知っています。「人は金で動かせない」というとき、「多くの人は金で動くことがある」ということを知っているから、その逆をことさらに主張したくなるものです。

ということは——。「なぜそんなに頑張らなければいけないのですか？」という質問に反論したくなった私も、きっと感情の裏返しかもしれません。私は心の底ではわかっているのです。「別にみんなが頑張る必要はないよ」と。「いまのままでも、十分やっていけるじゃないか」と。「仕事も愉しいけれど、あなたにそれ以外で愉しいことがあるんだったら、無理に頑張らなくてもいいじゃないか」と。

というのも、その質問者は自身が、社会から「頑張らされている」ことに自覚的かもしれないからです。

さきほど私は、労働者が「自己実現」という名目で雇用者に籠絡されていることを述べました。ちなみに、このような指摘をしたのは私が初めてではありません。かねてより、労働者の「やりがい」「夢」を管理・利用して、それをモチベーションアップにつなげていこうという企業側の取り組みが幾度も指摘されてきました。「やりがいの搾取」ともいうべき労働者への働きかけは、「働くことであなたの自己実現を！」というフレーズに投射されています。

しかし、私が申し上げておきたいのは、「企業が労働者に対して一方的にやりがいの搾取を求めている」のではないということです。私が考えるには、モノが売れず、逆転経済が生じた世界においては、むしろ、消費者こそがせめて売り手に「明るさ」や「笑顔」や「やる気」を求めてきました。モノの代わりに、感情を要求するようになったのです。

企業は、それが売り物になるなら、と積極的に「やりがい」や「夢」を管理し出すようになりました。逆ではない、と私は思います。資本主義は売れるものこそを商品化し、それを加速・徹底する仕組みだからです。

「モノなんてどこから買っても同じだ。それなら、気持ちのよい売り手から買ったほうがいい」。このような言葉を私たちはもはや何の疑問もなく受け入れています。そして「売笑」は義務として一人ひとりの労働者に課せられるようになりました。

一人の消費者も、職場では一人の売り手です。セールスマンでなくても、直接・間接的にお客と触れ合わない仕事はほとんどありません。消費者として、自ら求めたものが、労働者としての自分に回帰してきたわけです。

「なぜそんなに頑張らなければいけないのですか？」

その問いはこの感情労働時代の必然でもありました。

プロテスタンティズムの倫理と金稼ぎの精神

「そもそも稼ぎ続けなければいけないのか？」、あるいは「なぜそんなに頑張らなければいけないのですか？」という疑問は、否定しがたいものを発しています。それは、本音では自分でも「なぜ働くのか」という疑問をふと持ってしまうことがあるからです。

資本主義では、「経済が成長し続け、生産性が上がり続ける」ということが前提とされています。また違う表現でいえば、資本主義においては「お金」が、増え続ける宿命を持っているということです。

たとえば、100円があったとしましょう。その100円は、貯金箱を探して歩み続けます。ある貯金箱は100円を102円にしてみせると、違う貯金箱は100円を105円にするといいます。この貯金箱とは社会における会社のことです。100円を預かった会社は、他の貯金箱（＝会社）に負けないようにお金を増やそうとします。宣言したとおりに増やすことができなければ、お金は他の貯金箱に逃げていくからです。運よく宣言どおり100円を105円にすることができても、翌年は105円をもとにさらに増やさねばなりません。

宣言したリターンが5％だとすると、

100円×1・05＝105円

ですから、翌年は、

105円×1・05＝110円

にせねばなりません。さらに翌々年もこのサイクルは続きます。市場で信頼を得続けるためには、存続するためには、この拡大がどうしても必要なのです。お金は複利的に増え続けることが義務づけられています。だから、会社について「拡大路線ばかりでよいのか」という疑問が呈されることがありますが、それは市場で選び続けられるためには必定なのです。

100円の価値の変化

100円のn+1年後と、n+2年後

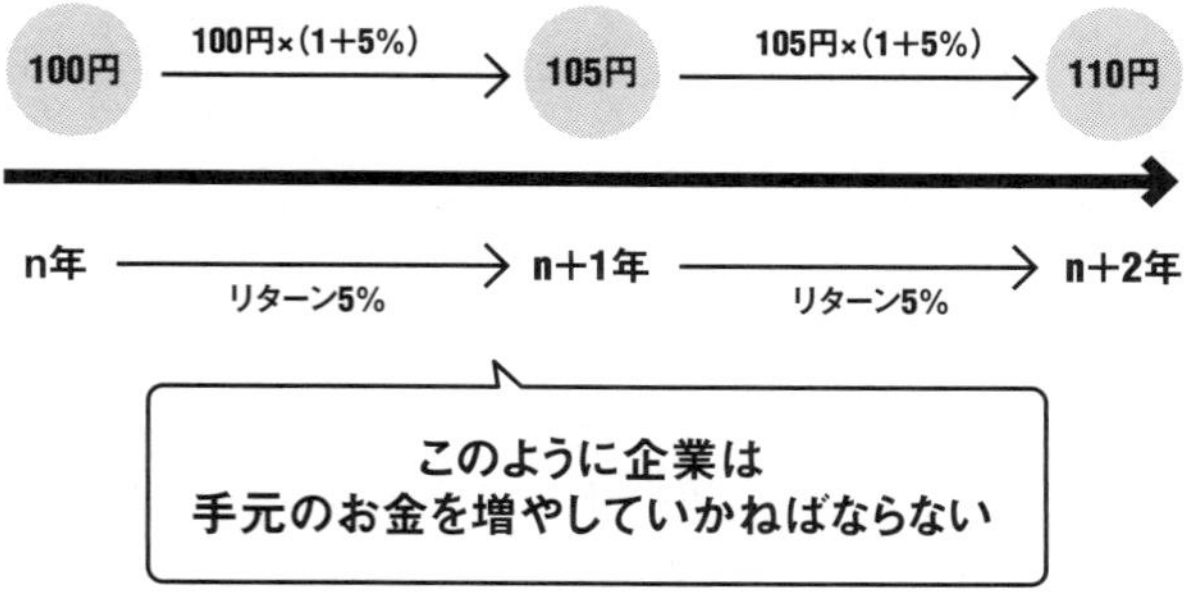

では、この資本主義というものが世界を覆うまでは、このような利益志向や拡大志向はなかったのでしょうか。かつて農業がメインの産業だったときは、「労働者」＝「消費者」だったと書きました。そのときは、働くこと＝食うこと、ですから必要以上の拡大はありません。もちろん、利益という概念とも無縁でした。社会学者のマックス・ヴェーバーの著書『プロテスタンティズムの倫理と資本主義の精神』（岩波文庫）のなかにこのような記述があります。少し長いのですが、ご容赦ください。

〈従来一モルゲン〔エイカー〕の刈

り入れにつき一マルクの報酬で日々二・五モルゲンを刈り入れて、一日につき二・五マルクの報酬を得ていた労働者が、出来高賃金率が一モルゲンにつき二五プフェニヒ引き上げられたのに応じて、報酬の引き上げによって期待されたように、たとえば三モルゲンを刈り入れて三・七五マルクの報酬を手に入れることをしないで――そうした場合も、もちろんあったろうが――一日にわずか二モルゲンを刈り入れるに止まり、従来と同じく一日二・五マルクの報酬を得ることで（聖書の言葉を使えば）、「足れり」とした。報酬の多いことよりも、労働の少ないことの方が彼を動かす刺激だったのだ。彼が考慮にいれたのは、できるだけ多く労働すれば一日にどれだけの報酬が得られるか、ではなくて、これまでと同じだけの報酬――二・五マルクを得て伝統的な必要を充たすには、どれだけの労働をしなければならないか、ということだった。まさしくこれは「伝統主義」とよばれるべき生活態度の一例だ。〉（P.64〜65）

ヴェーバーは同書のなかで、プロテスタンティズムが近代資本主義を成立させたと述べました。本書はマックス・ヴェーバーの研究書ではないので、概要を述べます。やや強引なまとめですが、そこはご容赦ください。

ヴェーバーはカソリック国よりもプロテスタント国のほうが、資本主義化が進んでいることに注目しました。カソリックは、貧しいがゆえに働き、それ以外の時間は神への信仰に捧げることが信条とされていたといいます。それに対して、プロテスタントは、むしろ働くことが神への信仰であるという発想で逆転した価値を導きました。その仕事は神から与えられたものだ。とすれば、禁欲的な労働によって現在の仕事に邁進《まいしん》することこそが、自分が救われるであろうという確信につながる。勤勉に、かつ無駄遣いもせず。この姿勢こそが、近代合理主義と、利益を再投資してより大きな利潤を求める近代ビジネスの誕生に寄与したというのです。

ここで私たちは、現在では当たり前と思っている利益志向や拡大志向が近代の発明品であることに気づきます。頑張って稼いで、お金を貯めて、さらに事業を拡大して、活躍して……ということ自体が、近代に発明された一つのイデオロギーにすぎなかったということです。

いまでは、特にアメリカにおいて、「倹約」の文化が覆っているとは思えません。むしろ、浪費大国といってもよいほどです。しかし、稼ぐこと、富を得ることは、やはり神から授かりし指示という文脈で語られています。アメリカの自己啓発本を読むと、莫大な富を稼いだ人たちのアドバイスには、「神の声を聞く」「神に祈る」「神の力を信じる」という内容が山盛りです。

国家のために発展した日本資本主義

ただし、日本における資本主義の発展は、ヴェーバーが注目した宗教的背景からではないと私は思います。プロテスタントが資本主義を拡大させ、それを各国に伝播させたという側面はあるでしょう。しかし、私が思うに日本における資本主義の拡大と勤勉さの成立は、次の三つから説明ができるものです。

1 『政府の主導』……日本における資本主義は列国に負けないように「富国強兵」のスローガンとともに上意下達されたものだった

2 『国家利益と富国強兵との合致』……働いて会社の利益をあげることが国家の利益につながり、それが国民を「大きな物語」に参加させることに成功した

3 『生活と個』……もともとは国家利益のためだったものが、高度成長期以降は生活をより豊かにするためという「個人主義」にうまく移行した

日本では殖産興業に大久保利通が大きな役割を果たしました。欧米に学んだ大久保は「殖産興業に関する建議」において、国富のために日本の産業化を推進することを謳っています。また実際に大久保が主導して設立された産業施設は、有名な富岡製糸場など枚挙に遑《いとま》がありません。

つまり、日本における資本主義の拡大は、国家の利益創出のため、というやや奇妙な形をとっていました。当初は、働くほど飢えがなくなり、しかもそれが国家利益にもつながるという成長への一体感が、国民を世界一勤勉な労働者集団にしたわけです。これは宗教的背景がなくても、ヴェーバーのいう近代合理主義と禁欲的な職務遂行精神を成立させるという可能性を示しています。

つまり形は違えども、日本においても「会社主義」「会社人間」とときに揶揄《やゆ》される労働精神のありようは、やはり近代に発明されたものだったというわけです。

近代資本主義の果て、利益の果て

しかし、私はここに一つの大きな懸隔《けんかく》を見ます。

欧米の資本主義者たちが宗教心をベースに近代ビジネスを創り上げたのに対して、日本人にはその宗教心はありません。「お国のため」か「個人のため」の経済活動でした。

本来は資本主義と国家利益が直接的に結びつくことはないはずなのに、それが合致してしまった。そして、国家というタガが外れたところに、「自分！　自分！」と叫び、ブランドバッグを買いあさる個人主義が生まれていました。もちろん、それが経済成長の続く時代であれば問題はなかったでしょう。しかし、いったん不況になって、かつ収入が増えなくなってしまえば、「そもそもなぜ稼ぐ必要があるのか」という疑問が浮かんでくることは想像に難くありません。自分の行為への不安、実存の不安が日本を覆っています。

日本人には奉仕すべき神など存在しないからです。

「なぜそんなに頑張らなければいけないのですか？」という問いに対して、「神への奉仕のためだ」という返答はこの国ではそもそもあり得ません。また、そのような共通認識ができあがることもないでしょう。

宗教的背景のある欧米の近代資本主義が生み出したものが「フリー文化」、宗教的背景のない日本の近代資本主義が生み出したものが「赤字文化」。ここに、私は何か奇妙な違いを感じます。

前章で、フリー文化の肝を述べました。私が描いたとおり、フリー文化といっても、いつまでもフリー（無料）ではありません。フリーモデルは、最初、あるいは初期サービスは無料であっても、その後に何らかの利益をあげるモデルでした。楽曲でもITのアプリケーションでも、追加サービスで全体の利益を稼ぎ出すことを目的としていたのです。いまだに拡大路線は捨てていません。

それに対して、赤字文化は、そもそも全体で利益を確保することができません。お金は逆に流れ、違うところに利益の源を求めることはあっても、買い手のみから全体の利潤を求めるものではありません。

同じ不況下であっても、働く理由のある、宗教的な背景のある国では、消費をして、そして企業を盛り上げて、自分たちも稼ぐという姿勢は保たれます。しかし、宗教のない、働く理由が希薄になってしまった先進国では、（一時的な景気の浮揚はあるにせよ）逆転経済という買い手がなかなかお金を払わないモデルに移行するのです。

もちろん、私は宗教心だけが経済を動かしているといいたいわけではありません。また、日本で欧米的なビジネスモデルが通用しないといっているわけでもありません。私には、そのような差が見えるということです。またすべての商品が逆転経済の波にもまれるといいたいわけではありません。一部はこれまでのようなシステムが持続するでしょう。

ただ、大きな流れとしては、逆転経済が到来するということです。

「稼ぐこと」「事業を拡大すること」の意味

⑳勤勉に働く、あるいは事業を拡大し稼ぐことは、宗教的あるいは国家戦略的な力によって「発明」されたものだった。
㉑特に日本では宗教的な背景がなく、国家主導のものだったため、勤勉に働くことや稼ぐことの意味が失われてしまった。

逆転経済下において「売れる」もの

では、逆転経済が起こってしまうような時代に、人々がお金を払うものはなんでしょうか。もう一度、前章までで説明した図を見てみましょう。

逆転経済では、お客にお金を払い、仕入先からお金をもらう事象が起きます。しわ寄せを受けるのは末端の労働者たちです。そして、労働者は、商品を買うお客とつながっていたのでした。また、これまでお金を払う対象だった人たちがお金をもらう対象になり、お金をもらう対象だった人たちがお金を払う対象になります。

この図は、その逆転経済における「お客」と「労働者」に矢印をつけたものです。これは何を意味するでしょうか。つまり、「逆転経済下において売れる商品とは何か」という質問は、「お客がお金を払っても働きたいこととは何か」という質問に転換できます。それが商品というものかどうかはわかりません。しかし、これまでだったら「お金を払って労働者を雇用していた」ところを、「お金をもらって、さらに労働者に働いてもらう」ということです。

第2章で私はお金を払って働くコンサルタントの話をしました。また、その際に論じた「All About」等のコンテンツ生産もそれに類似しています。コンテンツを作ってくれる人にお金を払うのではなく、むしろお金をもらうモデルだからです。

最近、私の知っている人が、講演ビジネスを始めました。講演仲介業ではありません。「人前に出て、自分の話をしたい」という人を集めて、その人たちからお金をとって講演させてあげるビジネスです。客は確保され、しかも一定時間何を話してもいい、ということはお金を払ってでも得たい快感とのこと。学生がライブハウスでの演奏にハマってしまうのは、ステージに上がって自分を表現することの、恍惚にも似た快楽からでした。ライブハウスのビジネスモデルは、アマチュアバンドからお金をもらって、さらにチケットを

逆転経済における奇妙なつながり

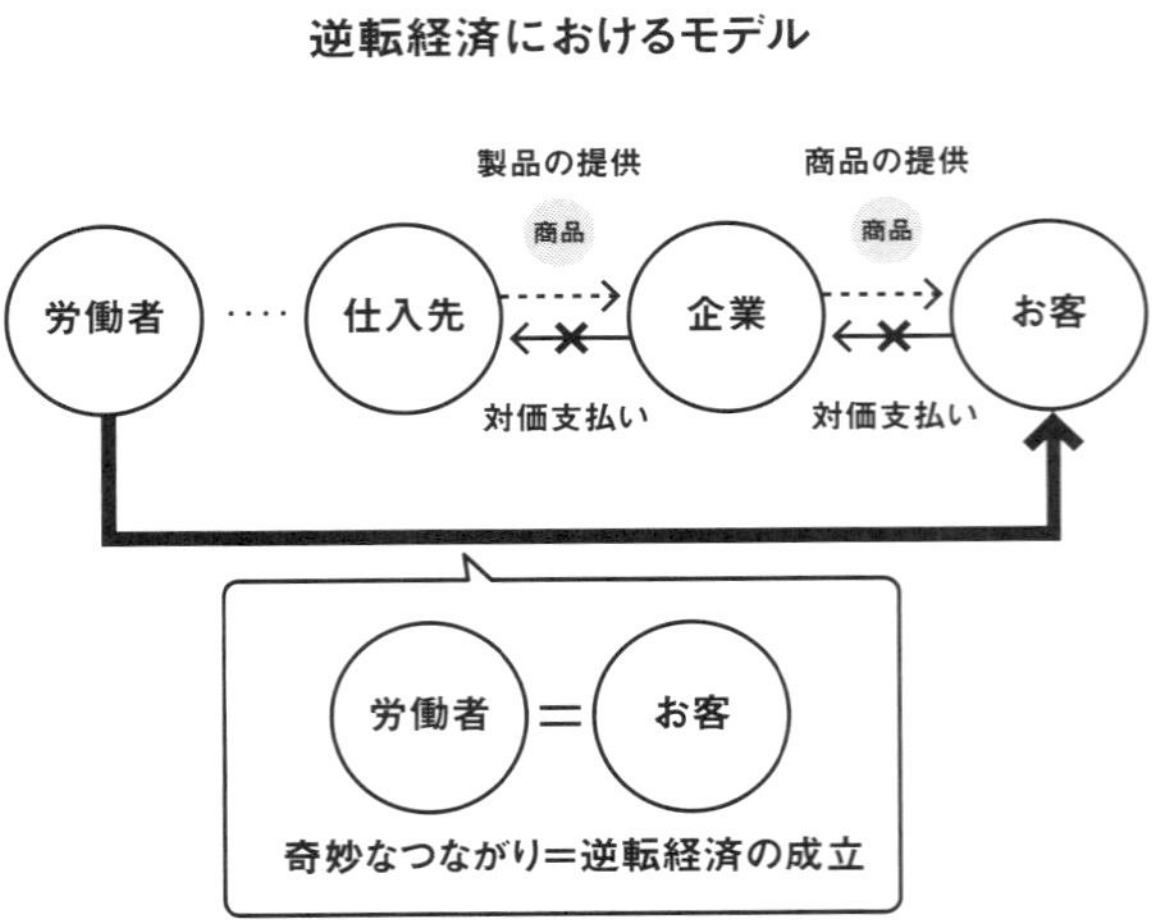

売ってもらって、「演奏させてあげる」ものです。ライブハウスにもよりますが、ギャラが支払われるアーティストは多くありません。しかし、そのようにお金を払ってでも労働したいと思わせる快感が、たしかにあります。

コンテンツを作って人に発信すること、ライブハウスで演奏することは、人とつながることにほかなりません。自分を発信したい、そしてリアルな手応えを感じたい。「直接性への回帰」ともいうべき、そんな感情を満たしてくれる商品こそが必要なのです。

ここで、私が考える「新たな商品」とは次の三つの側面から説明ができます。

1 『簡単に瞬時に「なりたい自分」に変身させてくれる、あるいは変化した自分を経験させてくれるもの』……サプリメントや人体改造系の、短期間で自分を変えてくれるもの。映画『アバター』のヒット、あるいは『1分間〜』というタイトルの書籍群のヒットもこの願望の表れです。

2 『それを他者に発信できるもの、あるいは目立つことができるもの』……他者に向かって自分を表現できる場、機会が得られるもの。コンテンツ産業が発表者からお金をもらい出したことは象徴的です。ちなみに本書で述べたもの以外にも、「インターネット番組に出演させてあげるから30万円を払ってください」というビジネスもあります。私には興味がないものの、需要はあるようです。

3　『他者からの承認を得ることができるもの、あるいは感動できるもの』……コーチングというものが流行していますが、もっとも重要なのはまず相手を「アクナレッジメント（＝承認）」することだといいます。コーチングが必要とされるのは、現在は、誰もが他者からの承認に飢えているからです。あるいは、思い出に残る体験ができること。テーマパーク等の不朽ビジネスでは、何よりも感動と経験を売りにしています。

という三つの側面です。考えにくい話ですが、もしライブハウスが「一日で楽器をマスターさせ、ライブの場を提供し、大歓声のお客に迎えられる」という商品を売り出すことができれば人々は殺到します。

この三つを、「変身」「権利」「承認・感動」といい換えてもいいかもしれません。「すぐに変身でき」「世間に目立てる権利を得て」「承認され、感動できるもの」です。「権利」を見てみましょう。「メディアに登場できる権利」「多くの人に情報を発信できる権利」。これらは新聞・雑誌・テレビ・書籍など、さまざまに分岐します。これからは、さまざまな媒体で、その権利を売り物にする商売が誕生するでしょう。

また、前述の三つの要素を含むものならば、人々はたとえお金を払ってもよいと考えます。逆にいえば、これらの要素を備えていれば、お金を払わせて労働させることもできるでしょう。

私は第2章で、企業は労働者を安く雇うために「やりがい」「夢」「献身」というフレーズを多く使うことになる、といいました。薄給でも、自分の自己実現につながると信じて働いている人たちはたくさんいます。少なからぬ企業では、「お金よりも大切なものがある」として、それ以外の側面を強調するのです。「なりたいあなたになれて」「社会で活躍できて」「多くのお客様に満足される仕事」とはまさにこの商品の典型でしょう。会社の業績が落ち込むほど、このフレーズがより多用されます。

しかし、世間一般に「ブラック企業」と呼ばれるところも、なかで働いている人は、そうとは気づかない人も多いものです。むしろ、「働きがいがあった」という人すらいます。

働く側からしてみれば「労働」という自分の原価だけを見れば赤字かもしれない。まったく儲からない。でも、自己実現の達成という意味では、「すばらしい」ということもできる。私が「赤字は、すばらしい」というとき、もう一つの意味は、そのようなことです。

逆転経済下における新商品

㉒「お金を出してでも働きたい仕事」が「商品」となって登場する。また「変身」「権利」「承認・感動」がキーワードとなる。
㉓労働報酬、労働対価という意味では赤字かもしれないが、その商品は労働者にとって自己実現につながっており、「すばらしい」側面もある。

「赤字」と「逆転経済下」における個別の処方箋

そして、これからは個別の処方箋の話に移ります。実は、この本の全体を通してダブルミーニングを施しておきました。全体にとっての「すばらしさ」が二つ、個人にとっての「すばらしさ」が二つです。

全体についてはここまで何度も説明してきました。

- **客寄せとしての赤字のすばらしさ……赤字戦略は、その安さゆえにお客をひきつけるという意味においてすばらしい**
- **新たな経済構造を生み出す赤字のすばらしさ……それでも商品が売れず、逆転経済を生**

み出したという意味でのすばらしさ

逆転経済がすばらしい理由は、商品がまったく売れずに困っている企業に一つの活路を見出させたからです。これからはお金を支払う対象だったところからお金をもらえばいい。そのような気づきがさまざまなビジネスを生じさせました。

そして、一個人としてのすばらしさにも二つの意味があります。そもそも利益拡大・滅私奉公は近代の産物でした。そこで私は、赤字でもいい、儲けなくてもいい、という考えの台頭は近代資本主義への反抗であるという、大袈裟な話にまで発展させたのです。これまでの働き方にも否定的な見方がされ、逆転経済が生じてくると、むしろ「お金を払ってでも働きたい」という仕事が商品として売り出されます。それは、逆転経済下の企業の一つの生き残る術《すべ》でもあったわけですが、個人にとっても近代イデオロギーからの脱却の意味がありました。

・自己実現を達成できる赤字仕事のすばらしさ……個人の労働単価からすると赤字で、とてもペイしない仕事であっても、自己欲求を満たせるものが増えてくる

ここで、私が「消費が労働になった」というときの、条件を見てみましょう。その条件は、「誰かの指示に従っている」「やりたくないことをやらされている」「しかしそれは、自己実現をする近道だといわれている」でした。これに対して、自己実現を満たす仕事とは、これらの条件に合致するものではありません。自ら進んでやるものであり、むしろ、かつて「遊戯」といわれていた仕事に近いものです。

現在では「無職者」という定義も難しくなっています。いまは無職者すら「労働」する時代です。仕事がない人たちも、世界中の誰かのために、毎日せっせとサイバースペース上にコンテンツを作り続けています。

私は第2章で、お金がなくても「Twitter」や「2ちゃんねる」「YouTube」で遊べることの利便性を述べておきました。多くの人が無償で働いてくれれば、さまざまな便益があります。それに、かなり役立つアプリケーションや動画もタダです。そこから有償の仕事にはつながらず、赤字のままかもしれません。しかし、その他大勢の人だってタダで働いているのですから、儲けなくても他者のサービスは享受できます。

そこで——。

さて、私が施しておいたといった、個人にとっての赤字のもう一つの「すばらしさ」とは何でしょうか。

最後に私がお伝えしたいのは、このような時代の潮流と無関係でい続けることができる人にとっては、それこそ「すばらしい」ということです。

私は時代の潮流を切り取るために、あえて全面的に擁護するような書き方で逆転経済や「お金を払って働く仕事」について述べてきました。ただ、ここで少し考えていただきたいことがあるのです。近代資本主義や金儲けや利益主義は、イデオロギーであるということを説明してきました。それに抑圧されている個人や企業がたくさんいます。彼らはそれらのイデオロギーに「なぜそんなに頑張らなければいけないのですか?」という問いを立てることで違和を表明し出しました。人々はお金を払ってでも、自己を表現できるもの、他者とつながることができるものであれば働きます。

しかし、です。

そこで、あえて述べます。それは、他の違うイデオロギーに拘束されただけではないか、と。

つまり、「お金のために働く」というイデオロギーの終わりが「お金を払って働く」という違うイデオロギーを創り出したにすぎないという見方もできるわけです。それは単に「金銭の搾取」から「やりがいの搾取」に移行しただけではないか、と。

逆転経済において、多くの人たちはこれまでとは逆方向に動き出します。しかし、それにあなたが追従しないといけないわけではありません。

もちろん、多くの人はその流れに抗《あらが》わないでしょう。ただし、個人でもその流れに追従すべきだ、という意味にはなりません。「やりがいの搾取」に搦《から》め捕られないように、対抗することもできるはずです。

たとえば、私のもとにはお金を払ってコンテンツを提供するようにとさまざまなメディアから要求があります。先日も経済産業省が実施している（と思っていた）某起業家支援事業のアドバイザーになりませんか、という内容のメールが届きましたので「少しでもお役に立てるなら」と条件を問い合わせたところ「料金を支払えばアドバイザー登録できます」というものでした。さらに違う新聞からは、「注目パーソンの一人としてインタビューを掲載するから10万円支払ってください」というのもありました。

しかし、私はお金を払ってまでもメディアに載せてもらおうとは思いません。そのような作業は他者にお任せしたいからです。それにそのようなメディアでは、他者との差がつきません。私は Blog を更新することをほとんど止めてしまいました。自分のメディアであるメルマガは続けています。ただ無料版は週1回から、不定期に変更しました。

生来の天邪鬼が出てきたのか、他の大勢の人たちと同じ手法を取る気になれないのです。

全体ではコンテンツ提供者の単価は安くなっていくでしょう。それは「やりがい」を求め人々がコンテンツを無料で提供する逆転経済の下ではしかたがないことです。ただ、あくまで私は一人だけでも安売りはしない努力を続けていきます。他者とつながるだけの「やりがい」を求めるのではなく、高く売れる内容を創り出すことが、自分の「やりがい」だからです。

逆転経済の連鎖を止めることが目的ではありません。個人だけでも他人と逆の流れに進むことが、結果として利得につながります。他者は流れに巻き込まれている。でも、自分はそれとは別の道を行く。多くの人が創り出すコンテンツはフリーで享受しても、自分はそれを提供しない。また、フリーにならないように、他者に認めさせるよう努める。これが逆転経済のなかで、他者が赤字はすばらしいというなかで、一人優位に立てる「すばらしさ」ではないか。

他者が赤字ですばらしい、というとき、個人としてはまったく違う意味での「すばらしい」。それが私の伝えたかった、「赤字は、すばらしい」のほんとうの意味なのです。

・他者の赤字のすばらしさ……他者が赤字、あるいはフリーで商品を提供してくれるあいだに、自分はそれらと差別化できる商品を創り出すことが、ほんとうの競争優位につな

がる

ここに、全体と個別の、それぞれダブルミーニングを施した私の解説を終えます。

「赤字は、すばらしい」

おそらく、この概念を知ることは、どちらの道を生きるにせよ必要になってくるはずです。

だって、どちらの道を生きるにせよ、赤字はすばらしいのですから。

赤字と逆転経済のほんとうのすばらしさ

㉔無料や赤字販売は他者に任せて、自分だけは価値のあるコンテンツを創り上げていく。逆転経済に巻き込まれないように努める個人にとっては、それが競争優位につながっていく。

㉕赤字は、やっぱり、すばらしい。

おわりに

ああこの日だ、と思って目が覚める私。

表現できないいやるせなさ、体の重み。

急いで支度を済ませ、飛び乗る電車。すると、近づいてくる見覚えのある風景。目的駅に到着して、例の場所に向かって歩いていると、暑さに長袖を着てきたことを後悔し始めた自分。

そんな後悔は、今年に始まったことではない。昨年も、そして一昨年も。

汗を拭いながら入口そばで水を汲み、山の上に登る私。いやなほど晴れた日。そんな天気なのに、まわりには誰もいない。

私は手を合わせて、そっと目を瞑《つぶ》る。

毎年やってくる5月11日は、いやでも一つのことを思い出す。かつての共同執筆者が絶息してしまったことを。

＊＊＊

故人が入院中、私が見舞いに行ったのは一度だけでした。チューブを体中に這《は》わされ困《こん》憊《ぱい》した姿があまりに印象的だったのを覚えています。それと対照的に、私たちに対応してくれた笑顔。あまりの痛々しさに、私は2回目の見舞いを遠慮してしまいました。

「また、飲みに行きましょう。必ず」

そう約束をしたのが、ほんとうに最後のお別れの言葉になってしまいました。飲み会では食事をほとんど摂らずに焼酎ばかり飲んでいた故人。それは、胃ガンのために食事がまともにできなかったからだ、と私は死後に聞かされました。

故人と私の共通点は、仕入れ・調達・購買にまつわる研究会に属していたことです。そこで出会い、意気投合し、幾人かで本を執筆することになりました。その過程で故人とは何度も会話を重ねています。専門的な内容を議論しているうちに、話の内容は、大袈裟にいえば、人生論にまで発展していきました。

「大事なのは将来を考えて、長期的な人生戦略を練ることでしょう」という私に対して、「〈いま〉を愉しむことが大事だよ」といつも笑顔でいっていた故人をいまでも覚えています。故人はまさに〈いま〉を生き、死によって周囲の人々の心に大きな穴を開けてしまいました。

「〈いま〉を愉しむことが大事だよ」か。

私はたまに、そうつぶやきます。

私は本書のなかで赤字戦略について述べました。そして、それがもたらすものは逆転経済です。なぜ赤字戦略が逆転経済を引き起こすのか。それは、モノが売れない、長期的なビジネスモデルを計画することが難しいからでした。「ソンしてトクとれ」といっても、そのトクがもたらされない。長期的な利益を追求しようとしても、なかなか上手くいかない。だから、利益源を他に求めるしかないのです。

ビジネスの結果が求められるまでのスピードが速くなっている、と私は思います。これまでならば、数年単位で考えていた利益計画も、将来が不透明な時代にあっては、短期的な利益を稼がざるを得ません。長期的ではなく、たとえ視野狭窄であっても、「いま儲かること」に注力せざるを得ないのです。将来に何が売れるかわからないため、それはしかたがないことかもしれません。

それは、「いまさえよければ大丈夫」という刹那的な態度を労働者に伝播します。時代のスピードの速さ、結果を求められる早さは、「1分間○○法」「あなたも3日で○○になれる」といった類の商品のヒットをもたらしました。

儲かる赤字戦略とは、「ソンしても、長期的にはトクになる」という、確信にも似た長期的視野に支えられた、〈いま〉だけではなく〈将来〉を見据える戦略です。おそらく、個人の仕事も同じでしょう。短期的には給料が安く、大変でもそれはいつか実を結ぶ。3年で職場を去る若い世代が話題になります。つらくても、仕事を続けていれば、きっと将来役に立つ。ただ、そのような言葉も、職場を去る人たちには届きません。そう思えるほどの希望も、見通しもなくなっているのでしょう。

それにしても――。

私より20歳近く上だった故人から教えられた言葉が、「〈いま〉を愉しむことが大事だよ」だったことは私にとって、非常に考えさせられます。

現在は「速さ」が価値を持つ時代です。ある運送会社には「通常便」と「お急ぎ便」の二つのサービスがあります。私が驚いたのは、その二つとも宅配先の近くまでは同時に運んでいることです。しかし、その運送会社はあえて「通常便」は留めておいて、「お急ぎ便」のみを先に配送しています。これは「速さ」ということにお客が価値を感じることを知っているからです。

現代の私たちは誰しも、新商品がしばらく待てば安く手に入ることを知っています。5万円のデジタルツールも、1年待てば2万円程度で買えるだろう、と知っているのに、それを早く購入するのは「他者よりも先んじて入手すること」が優位性の証だからです。

近年、若者には「早く成功したい願望」があるといいます。40代ではなく30代で、30代ではなく20代で成功したい。もう50代になったらおしまいだ。そのような幻想が瀰漫《びまん》しています。将来の成功よりも、現在の成功こそが絶対価値になっているのです。

他者より先に、他者より先に。

ただし——。

将来よりも現在を求める思考が間違っているとはいいません。しかし、いまだけを見つめ、短期的な営利だけを希求することはできないだろう、と私は思います。学習でも、スキルアップでも、事業準備でも、おそらく多くの成功原資は「いまを捨てて、将来に賭ける」という態度抜きにはあり得ません。

他者が何かを先に手に入れても、それに左右されず自分の道を進んでいく姿勢。それこそが、他者が「フリー」に進んで拘泥されていくさまに巻き込まれず、かつ逆転経済のなかで「やりがい」を搾取されない方法でもあると私は思います。

たとえ短期的には認められることはなくても、長期的に考えれば、やはり価値のあるものこそが他者からお金を払ってもらえる対象だ、と信じる程度には私は楽観的でいたいのです。赤字販売で客寄せしなくとも、あるいはフリー配布しなくても、むしろそれらから無関係でいられる。

世の中の大勢が一つの方向に進むときに、あえてそれと逆方向を目指す、ということが個人を成功させる方法だと私は思います。いまか将来か、ではなく、より根本的な処方こそが私たちには必要なのです。

赤字戦略を説明する際に、私は固定費と変動費とにわけました。必ずかかる固定費と、販売・生産に応じてかかる変動費。この固定費分をいかに削るかが赤字戦略の肝でした。

本書で、あえて述べなかったことが一つあります。それは、固定費はいつか変動費化するということです。人件費は通常なら固定費に分類されます。しかし、30年とか50年とか長期的に見れば、労働者の雇用コストすらも変動的なものです。その他、建家でも設備でも、なんでもよいのですが、固定費とみなされているものであっても、不変なものはありません。私が分類した固定費と変動費という区分自体も、短期的なものです。

私は固定費を削ることによって、通常以上に値引きできる例をいくつもあげました。そして現状では、値引きしてもなかなかその後の売上げアップにつながりません。しかし、それはあくまで短期的な意味においてということは留保しておくべきだ、と私は思います。たとえば、赤字販売を10年ほど続けて、ずっと我慢しているうちに、11年めからは黒字に転換する例もありうるでしょう。ただ、そのような商売は、ビジネス書では「失敗例」としてしか抉ることはできません。時事ネタを描く本は、文字どおり「いま」を切り取るしかないのです。

また、現在フリー商品がもてはやされ、それがコスト構造上、あるいはビジネス理論上、理のあることであったとしても、それは〈いま〉を切り取ったものであることは忘れないほうがいいでしょう。私が本書で使った「長期的」という言葉にしても、たかが数年、長くても10年くらいにすぎません。つまり、長期といっても、個人の生涯に比してみれば、ほんのささやかな期間です。

「人間、いつかは死ぬからね」

なるほど、そう語っていた故人が伝えたかったのは、もしかすると、短期的に考えようが長期的に考えようが、どちらにせよ人生の儚《はかな》さからすれば、たいした差はないということだったのかもしれません。

「〈いま〉を愉しむことが大事だよ」と教えてくれた故人は、いつも見せてくれていた笑顔の裏に、おそらく何らかの達観があったのではないか、と私は思うのです。

故人は日々を刹那的に過ごしていたわけではありませんでした。むしろ、学び、行動し、多くの人との出会いのなかから考えを重ねている姿を覚えています。しかも、明るく――。

その「〈いま〉を愉しめ」とは、むしろ、そのように常に将来を考えている人であっても、結局は将来のことなどわからないので、信じた道で一瞬一瞬後悔せずに生きるしかない、という強い意思であるように感じられます。

この本の裏のテーマは、「モノが売れず、逆転経済が生じる時代に、個人はどう生きるか」でした。私の考えは最後に述べたとおりです。私は自分が生み出すことのできるコンテンツや商品を、地道かもしれませんが、一つひとつ「お金を払ってもらえる対象」に育てていきます。将来を考えつつ、かつ同時にいまを愉しみながら、時流に抗いつつ。

私は有料配信マガジン「ほんとうの調達・購買・資材理論（http://purchasing.

cobuybtob.com/)」等で、その実践を始めています。個人レベルで、できることからやってみること。それがこの時代を拓《ひら》く処方箋だと、私は信じています。

またそれが、私にとっては故人の意思を継ぐことのように思えるのです。

今回も、竹村優子さんにお礼を。『牛丼一杯の儲けは9円』『営業と詐欺のあいだ』に続き、さまざまなアドバイスをいただきました。『牛丼〜』が商売の現実を描き、『営業〜』が商売の裏を描いたものだとすれば、本書は商売の将来について述べたものです。なぜか竹村さんと本を作ると、私の人生にさまざまな変化が訪れます。今回はどのような変化が起きるのか、いまから愉しみです。

フリー経済、赤字販売、そしてやってくる逆転経済。そこでは、これまでのビジネスモデルを転換し、コンテンツや自身の労働力を無料、あるいは安価で提供する人たちが増えていきます。また、それになんとか抗おうとし、自己の価値を高めようと努める人もいるでしょう。

あなたはそのとき、どちら側に立っていますか——。

著者略歴

坂口孝則

さかぐち・たかのり

バイヤー兼調達・購買業務研究家。

株式会社アジルアソシエイツにて調達・原価・コスト削減領域のコンサルティング、研修講師などに従事。

大手製造業・小売業・調達コンサルティングファームをはじめとする300社のメンバーが集まる調達・購買業界で日本最大の組織「購買ネットワーク会」幹事。

メールマガジン「ほんとうの調達・購買・資材理論」執筆者。

著書に『牛丼一杯の儲けは9円』『営業と詐欺のあいだ』(ともに小社刊)、『知らないと恥ずかしいビジネスのキホン　会社が黒字になるしくみ』『激安なのに丸儲けできる価格のカラクリ』(徳間書店)、『利益は「率」より「額」をとれ!』(ダイヤモンド社)など多数。

メールアドレス:sakaguchitakanori@cobuybtob.com

幻冬舎新書 192

1円家電のカラクリ 0円iPhoneの正体

デフレ社会究極のサバイバル学

二〇一〇年十一月三十日 第一刷発行

著者 坂口孝則
発行人 見城 徹
編集人 志儀保博
発行所 株式会社 幻冬舎
〒一五一-〇〇五一 東京都渋谷区千駄ヶ谷四-九-七
電話 〇三-五四一一-六二一一(編集)
〇三-五四一一-六二二二(営業)
振替 〇〇一二〇-八-七六七六四三
ブックデザイン 鈴木成一デザイン室
印刷・製本所 中央精版印刷株式会社

検印廃止

Printed in Japan ISBN978-4-344-98193-5 C0295
さ-5-3

幻冬舎ホームページアドレス http://www.gentosha.co.jp/
＊この本に関するご意見・ご感想をメールでお寄せいただく場合は、comment@gentosha.co.jpまで。